JN260180

実務・事例を重視した
教職入門

校庭の桜が語る学校

宮田 進・片山世紀雄 編著

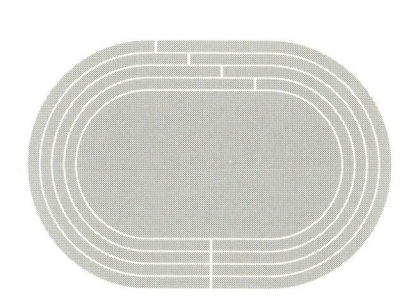

教育出版

はじめに

　本書は教師を目指す学生，経験が浅い教師に学校の教育活動について解説したものである。教師という専門職としての実務を中心に記述している。

「学校」とは，どのようなところであろうか。学校には創立当時の先人が思い描いた「願い」が引き継がれ「学校の特色」となっている。

　創立当時の様子は学校沿革史に記録されている。いよいよ学校の創立が確定すると，地域の方々は毎晩のように集まり，新設される学校での教育活動に思いをはせたことだろう。

　学校のために時間も労力も惜しまず協力してきた先人は数多くいただろう。荒涼とした校庭に植樹作業が続けられたことだろう。校庭に「桜」の苗木を植えたのは，どのような思いがあったからであろうか。

　校庭の一部が森のようになっている学校もある。校庭の中程に巨樹が鎮座する学校もある。校庭に樹木が極端に少ない学校もある。

　学校には，個性があり，特色がある。その個性や特色は地域の実情と関連している。多くの学校に共通するのは，「校庭には桜」があることである。

　地域の方や保護者は校庭に「桜」を植え，我が子が，我が地域の子どもが，健全に成長することを願っていた。学校は地域に住む保護者の子弟教育を託されているところである。このことを保護者や地域との連携を通して，日頃の学習指導や学校行事等を展開したい。

　保護者や地域の方々が学校に期待するのは「教育の不易」部分が中心である。昔も今も変わらないものである。

　本書では，まず学校の一日の活動から「教師とは」を考察し保護者や教職員との関係から「教師像」を述べている。また，教師としての教養として，「教育の歴史」，「最近の子ども像」「教育に関する教育法規」等を検証している。また実務について例示をもとに述べている。

目　　次

はじめに

第 1 章　教師とは ……………………………………………… 1

1　教師という職業 ………………………………………………… 1
(1) 教師の1日
(2) 他の職業との違い
(3) 専門職としての教師

2　学校と教師 ……………………………………………………… 8
(1) 地域と学校
(2) 保護者と学校

第 2 章　教育の歴史と教師 ……………………………………… 13

1　近代的学校成立以前の教育 ………………………………… 13
(1)「真似る」から「学ぶ」へ
(2) 貴族が活躍した時代の教育
(3) 武士が活躍した時代の教育
(4) 江戸時代の教育機関

2　明治期の教育 ………………………………………………… 15
(1) 学制
(2) 明治期の教育観

3　大正期の教育 ………………………………………………… 17

4　戦時下の教育 ………………………………………………… 18
(1) 戦時下の国粋主義的教育
(2) 国民学校令
(3) 学徒動員・学童疎開

5　戦後の教育 …………………………………………………………… *20*
      (1)　新しい教育制度
      (2)　戦後の教師像

第*3*章　現代の子どもの姿 ……………………………………………… *23*

    1　社会的環境の変化 …………………………………………………… *23*
      (1)　地域社会と子ども
      (2)　とりまく環境と家族
    2　保護者と子ども ……………………………………………………… *27*
      (1)　保護者が経験した頃の教育動向
      (2)　保護者からの苦情例

第*4*章　専門職としての指導能力の高揚 ……………………………… *29*

    1　学習活動の多様化を図る指導技術の工夫 ………………………… *30*
    2　興味・関心を喚起させる指導技術の工夫 ………………………… *32*
      (1)　生活経験・レディネスの掘り起こしから
      (2)　学習活動方法と年間学習指導計画の関係
      (3)　学習内容と学習方向の相関
    3　学習展開に「矛盾・疑問等」を意図的に導入する指導技術の工夫… *34*
      (1)　矛盾意識が学習の意欲喚起を
      (2)　知的好奇心を揺り動かす
      (3)　逆転意識が学習の意欲喚起を
      (4)　対立意識が学習の意欲喚起を
      (5)　意外性が学習の意欲喚起を
    4　感動が生まれる教育活動 …………………………………………… *43*
      (1)　何年たっても忘れない教師の活動
      (2)　教師の威厳
      (3)　子どもが卒業しても忘れない教師の行為
      (4)　服装・言動で判断した失敗の戒め

5　学級環境整備の工夫 …………………………………………………… 48
　(1)　教室環境の確認
　(2)　感動が生まれる学級経営
6　特別支援学級の学習指導・学級経営 …………………………………… 51
　(1)　特別支援学級の教育課程
　(2)　個別の指導計画の作成
　(3)　学習指導
　(4)　特別支援が必要な児童生徒への指導
　(5)　共に学ぶ教育活動

第5章　専門職としての教育経営 ………………………………… 56

1　学年経営・学級経営の在り方 …………………………………………… 56
　(1)　子どもの本音を見抜ける教師
　(2)　先を見通す学級経営
　(3)　学年主任・同学年の担任との連携
　(4)　学年会への参加
2　校務分掌・校外活動，保護者との対応の在り方 ……………………… 63
　(1)　校務分掌の処理
　(2)　上司，管理職の指示，許可のもとで
　(3)　校外学習の引率と付添
　(4)　遠足・社会見学の引率と付添
　(5)　保護者との対応
　(6)　保護者からの個人的な相談
　(7)　担任非難やクレーム処理
3　職員会議や校内研究等，学校の意思決定への参加 …………………… 70
　(1)　学校は組織
　(2)　組織の目的

    4　公文書の取り扱いと保存，対外対応 …………………………………… 72
      (1) 公文書とは
      (2) 成績処理に関係する公文書
      (3) 学習指導要録に記入する学籍関係の留意事項
      (4) 学習指導要録に記入する指導に関する記録
      (5) 心身の成育に関係する公文書
      (6) 学校施設・備品，管理に関する公文書
    5　専門職としての児童・生徒理解および指導 ……………………………… 79
      (1) 我が学級，我が学校での児童・生徒の生活実態を把握
      (2) 学校に持ち込まれる教育課題
      (3) 問題行動の背景
      (4) 児童・生徒に規範意識の高揚を
      (5) 加害者になる場合もあることに留意
      (6) 「いじめ」「不登校」への対応
    6　学校組織の円滑さと機能向上を図る組織 ………………………………… 84
      (1) 校務分掌を見て
    7　学校組織の機能発揮に貢献を ……………………………………………… 88
      (1) 相互理解を考える
      (2) 協働を図る
      (3) 学校風土の改善を考える

第6章　学校に働く人々・関わる人々 ………………………………………… 92

    1　学校の教職員 ………………………………………………………………… 92
      (1) 校長
      (2) 教頭・副校長
      (3) 主幹教諭
      (4) 養護教諭
      (5) 司書教諭
      (6) 栄養教諭
      (7) 学校を支える職種とその内容

（8）その他の関係者
　2　社会教育・生涯教育 ……………………………………………… *96*
　　（1）公民館
　　（2）図書館
　　（3）博物館
　3　各施設と連携する学校 …………………………………………… *98*

第*7*章　教師と行政 ……………………………………………………… *99*

　1　教師と法律の関係 ………………………………………………… *99*
　　（1）教育に関する法令
　　（2）地方自治体の条例
　2　法律に見る教育 …………………………………………………… *100*
　3　教育職員免許法と教員養成 ……………………………………… *101*
　　（1）教育職員免許法
　　（2）教員養成制度
　　（3）教師の身分と服務義務
　4　教員の質を高める ………………………………………………… *103*
　　（1）研修とは
　　（2）中堅教員（10年）研修の必要性
　　（3）管理職研修の必要性
　　（4）長期社会体験研修
　　（5）校内研修
　　（6）計画的な校内研修

第*8*章　教師と教育改革 ………………………………………………… *111*

　1　1980年代までの教育改革 ………………………………………… *111*
　　（1）四六答申
　　（2）中曽根内閣の臨時教育審議会
　2　1990年代の教育改革 ……………………………………………… *113*

3　2000年代の教育改革 …………………………………………… *114*
　(1) 急激な情報化社会
　(2) 21世紀の教育改革の多様化
4　これからの教師に求められること ……………………………… *117*
　(1) 国際化
　(2) 情報化
　(3) 社会体験・キャリア教育
　(4) 時代が望む教育政策

資料 ……………………………………………………………………… *122*

第1章 教師とは

1　教師という職業

(1) 教師の一日
◎月曜日には朝会

右はある小学校の一日の流れを一週間の表にまとめたもの，週時程表である。この学校では，子どもたちは8時30分までに登校することになっている。

		月	火	水	木	金
8:05	開門					
8:30		朝　会	読　書	学　級	なかよし	生　活
8:45						
8:30	1		1	～	6　年	
10:15	2		1	～	6　年	
10:15		中　　休　　み				
10:45						
10:45	3		1	～	6　年	
11:30	4		1	～	6　年	
12:15		給　　　　食				
13:00						
13:00		清　　　　掃				
13:30						
13:30	5	2～6年	1～6年	委員会クラブ	1～6年	
14:15	6	4～6年	3～6年		3～6年	
15:00						
15:50	閉門					

また，月曜日に朝会が設けられている。朝会は一般的に，担当の教師が司会をし，校長が子どもに講話をする。司会は，年間を通してすべての教師が行うように順番が決められているのが普通である。

もちろん8時30分に朝会をするには，教師はそれより早く出勤する必要がある。

子どもは月曜日に朝会があることを習慣的に身につけていくものである。学校は一つの組織であり，組織が有機的に機能している学校ではチャイムの音と同時に，子どもは朝会へと整列をする。教師の継続した指導により整列できるようになる。これが学校という環境である。

第1章　教師とは

◎朝の学校で

　学校は，子どもにとって安全で安心な場所でなければならない。そのためには，学校の出入りを確認する必要がある。学校では子どもの登校時間が決められており，それまでは校門も閉じられている。あまり早い時間帯では，子どもの安全を守る教師が出勤していないからである。

　だが，子どもが開門時間より早く登校してくる場合がある。保護者が会社等に出勤するため，子どもだけを家庭に置いておくわけにはいかず，子どもも一緒に家を出てくるのである。学校によっては，開門前に登校している子どもの姿を毎日何人かは見かけるものである。

　家庭の都合ではなく，学校でドッチボール等の球技をしたいので，その遊ぶ場所を確保するために早く登校する子どももいる。

　教師が出勤する前に，学校に入りたいという子どもがいる場合，安全・安心の確保がされているか対策を考えなければならない。

　教師の出勤は，決められた時間だから，ということではなく，登校してくる子どものことを配慮しなければならない。

◎朝の打合せと自習

　例としてあげた小学校の場合，火曜日から金曜日までの8時30分から45分まで，教師は職員室で朝の打ち合わせを行う。その日の学校行事の確認，対外的な仕事，出張や研修等，打ち合わせの内容は多岐にわたる。

　その間，子どもたちは教室でドリル等を使い教科学習をしたり，学級の自治活動を行ったりするのが一般的である。

　学級経営が正常であり，普段から自習時間が整然と行われている場合はよいが，その時間に子どもが自習をしない場合は注意が必要である。学級内を歩き回ったり，自習している者へ妨害をしたりすると，やがて子ども同士の「けんか」に発展して，大きなけがにつながることもあるからである。

　学級内の自習体制に不安がある場合は，他の教師等に連絡をして職員室の打ち合わせには参加せず，担任している教室に直行することも考えなければ

ならない。その場合の打ち合わせ内容は，同学年の教師や教務主任，教頭等から必要に応じて情報を受けられるように配慮しておきたい。

◎休み時間

　義務教育諸学校では，一般的に午前中4時限の学習をする。小学校では2時限目と3時限目の間に比較的長い「休み時間」を設定している。中学校では50分の授業10分間の休憩（教室移動も含む）が繰り返される場合が多い。ただ，この「休み時間」は，あくまでも子どもが休む時間であり教師の「休み時間」ではない。そしてこの休み時間は，子どもにとって楽しい「遊び時間」でもある。しかし子どもが遊んでいるからといって，教師が職員室でお茶を飲んだり休憩したりするのは問題がある。教師が休憩する場合には，学校全体で子どもの安全・安心が保証される環境を維持できるよう，教師の共通理解と協働行動を確立しておく必要がある。

　また休み時間は，授業中にはよく分からなかった子どもの様子を観察する時間でもある。多くの子どもが元気よく校庭で遊んでいる時，教室に取り残されている子どもがいることがある。このような子どもは何か問題を抱えている場合がある。

　また，2時限めまでは学習に良く参加し，挙手も積極的にしていた子どもが，休み時間が終わり3時限の授業になったら，うつむいて学習活動に参加しなくなっていることもある。休み時間に何か問題が発生したことが原因になっているのかもしれない。

　休み時間は「子どもの安全・安心の確保」と「子どもを理解する時間と場所」であることに留意したい。

◎給食

　午前の授業が終わると給食の時間である。給食については小学校では「食教育＝食育」の実践指導をする場となっている。同じ年齢の子どもが同じ献立の食べ物を一緒に食べる意義を学習させる場である。同じものを食べた子ども同士の連帯感と協力して配膳したり，後片付けをしたりして社会性を育

また給食を通して，家庭ではなかなかできない「好き嫌いの解消」や「食物を作ったり，運んだり，提供したりする人のおかげで食べられること，感謝の気持ち」を育てることもねらいとなる。

　給食は，調理をしてくれた調理員の料理を食べることであり，単に空腹を満たすのとは違うことを意識させたい。料理とは，「食物の材料を使い食欲を誘うように美味しく調理したもの」である。

　給食に関しては，「季節感がある旬のものとは」，「たくさん調理することにより美味しくなるわけ」，「食材はどこから来たのか」等の疑問が生じることもある。専門家である栄養士に，給食の意義をあらためて説いてもらう学習指導は有効である。

◎**清掃指導**

　子どもの中には，清掃を嫌がる者もいる。そのような子どもは，家庭で清掃の経験がない場合が多い。清掃は「自分たちが学習で使用した教室や校庭を，これからも気持ちよく使用するために行う学習」であることを周知徹底させたい。教師は，清掃を子どもに任せ，成績処理等の作業をしていることがないように留意したい。

　子どもは，教科の学習では担任の教科指導のしかたをいわば評価している面があるが，清掃指導では教師の生活態度を評価する時間にもなるからである。子どもを説諭する場合，言葉だけではなく態度・行動で行うことが必要である。そのような観点からも常日頃の態度に留意し，清掃指導では子どもと一緒に行うことが大切である。

◎**帰りの会**

　帰りの会は，子どもは学校での一日の生活をふり返り，教師にとっては指導をふり返る時間である。学校には，毎日，「計画＝PLAN」「実践＝DO」「評価＝SEE」のいわゆるPDSの流れがある。

　帰りの会は，その日の学校生活の評価をする場面であり，連絡帳に書き込

んだり，教師との交換日記をつけたり等，子どもと担任の心の交流を図る時間となる。

　教師は，例えば「今日一日，一度も話さなかったり話を聞かなかったりした子どもはいないか，もしいたならば帰りの会に声かけ」をし，明日の学習準備について子どもの提案や準備状況を聞いて補説をするようにしたい。

◎**放課後**

　放課後は学校行事の準備作業や校内研究会等，学校全体の仕事が優先される。学級の掲示物交換や子どもの成績処理はその後で行うことになるが，校内の全体行事や会議，研究会が遅くなると，学級の仕事は遅れがちになる。作業の手順等を考えるようにしたい。

　また，保護者の中には，我が子の事について担任に相談をしてくる場合がある。特に，「いじめ」にあっているのでないか，「不登校」になるのではないか等，保護者として不安がある場合は，まず担任に相談するものである。

　このような相談を受けた場合は，担任だけで処理するのでなく，学年主任，生徒指導担当，教務主任，教頭等と連絡を取り合い，相談に乗ることが大切である。必要があれば，校内の業務より優先して対応しなければならない。

(2) 他の職業との違い

　多くの会社や役所等の組織においては，新人とベテランでは扱う仕事，責任の範囲が違う。というより，そもそも重い責任のある仕事は，新人にまかせられることはない，といってもよい。

　しかしながら，教師の場合，新人であろうとも一旦教壇に立てば，児童生徒からは「先生」と呼ばれ，一人前の教師として扱われる。少なくとも，授業を行う点ではベテランの教師と同じ仕事を行う責任を持たされているわけである。

　教師になるためには，医師や法律家のように国家試験を受けて資格を取得するのではなく，大学等の教職課程で，資格取得に必要な科目の単位を取得することによって教員免許状をとることになる。ただ，この免許状を取得し

たからといって，プロの教師になれたのではない。教師のライセンスは必要最低限のものである。プロになるための適正があると認められたに過ぎないのである。

また，採用においても一般の公務員試験は競争試験を原則としているが，教師の場合は，学力や経験，人物等の一定の基準と手続きで審査する「選考」という方法がとられる。

(3) 専門職としての教師
◎**教師としての専門性**

教師という職業につく重要な条件として，「専門性」を持つことが挙げられる。教師という専門職において最も大切な条件である。

例えば，小学校の社会科の授業で，「富士山は日本で一番高い山です。この富士山は何県にありますか。」と質問したとする。知っている子どもであれば，「静岡県と山梨県にあります。」と，答えるであろう。一般的に指導はここで終わるが，中には，「山梨県と静岡県？　それでは山梨県の何市にあるのかな？　静岡県の何市にあるのかな？」と追求意欲を持つ子もいる。この場合教師としては，山梨県富士吉田市，鳴沢村であり，静岡県御殿場市，裾野市，富士市，富士宮市，小山町等を即答できればすばらしいが，子どもが持っている地図帳に記載されていないことまで知識として求められているわけではない。

このような追及意欲のある子どもからの質問には即答をせず，自分の持っている知識を背景に「すばらしい質問ですね。学級のみなさん，Ａさんが質問したことを，みなさんで調べませんか。」と，一人の子どもの追求意欲を学級全体のものに発展させるようにしていくのが教師としての専門性である。

◎**教師としての自律性**

教師としての職務を遂行するに当たって，自律性を持つことが大切である。教師は自分で自分の行為を規制できることが望まれる。また，自分の立てた規範に従って行動できるようにも期待される。

教師という仕事は，ここまでで終わり，ここまでやればよい，という境界が必ずしも明らかではない。子どもたちのためによりよくやろうとする仕事としての到達点は，その人の判断に任せられることとなる。

例えば，教師は校務分掌（後述，p63，84参照）の一部を分担する。分担した分掌が調査統計の「学籍」であった場合は，その仕事を責任持って正しく処理し，時間内に終わり，上司の承諾をとる必要がある。

「学籍」には，学校に在籍している児童・生徒の人数掌握，他校から年度の途中に転学してくる児童・生徒の受け入れ手続き，反対に在校生が他校に転出する場合の事務処理，教育委員会に毎月報告する在籍児童・生徒数，長期欠席者数，不登校数等の報告事務等がある。

このような校務分掌は学級担任をしていても，学校全体のための分掌として処理が義務づけられているもので，その処理には「教師の自律性」が求められるのである。

◎**教師としての影響力**

教師は学習指導，生活指導，学級経営を通して，子どもに大きな影響力がある。例えば，学習指導で身近な例を挙げるとすれば板書がある。教師が角張った文字を書けば，子どものノートも角張った文字になることがみられる。子どもは教師の動作・行動，発言を模倣しながら学習しているものである。教師の影響力が大きいことから，前述の「教師の専門性」や「教師の自律性」が重要になってくる。教師の専門性が不十分であったり，教師自身の言動が甘かったりすると，やがて子どもに影響することは確かである。

教師は，教員免許状を取得した後も絶えず研修・研究に励む必要があり，それが義務づけられる根拠はここにある。また教師は「子どもの入学や卒業の認定」に関わる。例えば高等学校では，単位の認定は教科担当の教師が行い，学校として単位認定会議，卒業認定会議で決定することになる。このような行為は社会的にも影響を及ぼすことになる。

第1章　教師とは

◎**教育における不易と流行**

　教育には，昔から「不易」と「流行」がある。流行とは，社会の変化に対応して教育内容や活動が流動的に指導されることである。

　不易とは「教授」「感化」「陶冶」と言われる教育の機能である。教師はこれまで自分自身が研鑽して得た専門性や自律性をいかして，子どもに学習内容を教授する。この教授を通して学習内容だけでなく，教師の人間性からも影響を与える。

　教師は一日の大部分を子どもと接触し，時には厳しく指導し，時には優しく労り，未熟な子どもが社会でたくましく生活できるよう，さまざまな場面で対応をしている。これらの対応は教師の影響力であり「感化」と言われるものである。

　教師は自分の専門性を生かそうとするあまり，教師の都合で学習指導を展開することがみられる。留意しなければならないのは，子どもの実態である。教師の学習指導に対して，子どもは学習能力を持っているのか，また，学習活動に参加する意欲を持っているのか等，子どもの実態や願いに応え，子どもと一緒に学習活動が展開されることが期待される。即ち「子弟同行」であり「陶冶」である。

2　学校と教師

(1) 地域と学校

　人間は他の哺乳動物に比べて未熟な状態で産まれてくる。他の動物は産まれるとすぐに立ち上がり歩行できるが，人間は1年以上かかる。人間の成長には，積極的な親の援助が必要であり地域の協力も必要である。そして幼児の頃には周囲の人間の行動や発言を学びながら成長する。この成長段階を大切にし，親や保護者が教育をするのである。やがて，集団生活を学び，学力を身につける年齢になると学校に入学する。かつては地域の人々が資金を出し合って学校を作った例もある。

親や保護者は，子どもが成長し社会に出た時，自立して社会に貢献し，やがて自分の家庭を築けるよう学校教育に大きな期待をもっている。

◎子どもの成長—家庭での養育から学校での集団教育へ

産まれた子どもは家族の中心として大切に育てられる。子どもの願いは，そのほとんどを親や祖父母がかなえてくれる。子どもは「願望は大きく，忍耐は小さく」の生活がしばらく続く。

やがて，幼稚園や保育園に通い，我慢することを学ぶ。一方，自己主張をする必要もあることを学ぶ。産まれて約6年間は保護され，自分の主張を受け入れてくれる。反面，我慢，忍耐も多少学んできてはいる。

このような子どもが学校に入学する。子どもを受け入れる学校では，子どもの言動を規制する。学校は子どもの自己主張に耳を傾けながらも，整然とした集団生活のもとで学習させていかねばならないからである。

多くの子どもは学校でルールが必要な理由を理解するが，子どもの中には学校のルールに抵抗する者もいる。集団生活では言動の規制（学校生活のルール）が必要であることを，入学したばかりの1年生から発達段階に応じて上級生に，それぞれ各学級担任が指導し，朝会や全校集会で校長や教頭が講話として指導する。

主なものをあげると，例えば小学校では「時間・時刻を守る」「持ち物は自分の物，友だちの物，学校の物，誰が使っても良い物を区別する」「必要に応じてみんなで協議して決めたことを守る」等である。

保護者はもちろん地域の人々も，子どもがそれまでの家族中心の世界から，大勢の仲間がいる生活集団に早く慣れて欲しいと願っている。学校生活を楽しんでもらいたいと願っている。そのあらわれの例として，子どもが登下校する時の安全指導として「挨拶運動」を積極的に展開している地域があげられる。

各担任は，子どもが集団生活に慣れ，多くの友だちが出来るよう学級経営に真剣に取り組む。特に，学習指導では，P（PLAN＝計画）D（DO＝実践）

S（SEE＝評価）の流れと，組織集団での原則に留意したい。

◎子どもの成長―保護者の願いに応える学校

　親や保護者の信託に応える教育活動をするには，親や保護者の願い，地域の学校に対する期待を理解しておく事が重要である。

　着任した学校に校庭があれば，樹木も目に入るだろう。樹木の数が多ければ，早春に花を咲かせる樹木，盛夏に木陰を作る樹木，果物を実らせる樹木等があり，子どもに興味や関心を喚起させる。卒業記念の植樹として樹木の根もとに，その年度が記載された札が立てられている場合もある。

　このような校庭の樹木には，地域の人々や保護者から贈られた例もあり，学校への期待や感謝をうかがい知ることができる。

　学校の入学式では，記念写真を撮る風景をよく見かける。校門であったり，満開の桜の木の下であったり，校庭の花壇であったりする。地域によって異なるだろうが，4月の入学式前後には桜が，ほぼ満開になっている地域が多い。ある大学で学生に，出身小学校または中学校に桜があったか，という質問をしたところ，ほとんどの学生が校庭で桜の花を見たという。桜と4月の学校風景は強く結び付いているようである。

◎桜の話

　桜は，子どもの成長を見守り，先を見通す先見性を指導するのに都合の良い樹木でもある。例えばソメイヨシノでは，花が咲いてから葉が出てくる。蕾もよく見え，その蕾から花が咲く日を予想できる。また，蕾を良く見ると，その向きは上を向いたり，横を向いたりと蕾の向きは四方八方に広がるように伸びている。その蕾が咲くと例外なく花は全部下を向く。

　この様子を「学校に入学してきたばかりの子どもは，自分中心で生活するが，卒業の頃にはルールの大切さ，モラルを身につける」比喩に生かすことがある。また，桜並木では，老木がまず花を咲かせ，幼木はその後に咲くのが一般的である。これも老人を労る心，先輩を敬う心に通じるものがあるとして，指導に活用されることがある。

学習している子どもは時として失敗し，間違う。このような状態が続くと学習に対する意欲が失われてしまう。そのような子どもに，桜に例えて，桜の散り際のすばらしさを話し「失敗を恐れるな，間違ったっていいじゃないか」と指導に活用される場合もある。

(2) 保護者と学校
◎学校への期待と変容する保護者

保護者が教師に，我が子への教育・指導において期待していることは昔も今も変わらないのではないか。ただし，期待する内容が異なってきていると考えられる。

かつては「我が子の生活上のしつけは保護者がする」考えがあった。しかし数は多くないものの，学校において，生活習慣上のしつけを全面的にして欲しいとの考えが出始めている。また，「塾の教え方と違う」「学級が荒れている」「先生が一部の子どもにばかり手をかけて，勉強が進まない」等の意見も，聞こえてくるようになった。「先生が一部の子どもに～」の意見は，特別支援学級の子どもとの交流学級で学習している状況の中で発せられる場合もある。総じて，自分の子ども中心の考え方が強くなってきている。

保護者は「我が子が健全に成長し，学力が身につくよう」学校に期待している者が圧倒的である。教師はそれら多くの保護者の期待に応える教育活動をすることが重要であるが，前述の様な保護者も少ないながら出現していることに留意する必要がある。

◎多様化する保護者の考え

子どもの生活状況と，保護者の考え方には似た所が多く見られる。情報化社会では，情報は大量にあるが自分に必要な情報，子育てに必要な情報を得る方法が，分からない，分かっていない場合がある。

かつて子育てをする時は，同じような年齢の子どもを持つ親同士や子育ての経験者，年長者との交流がごく普通にあった。例えば，町の小さな公園に行けば，町の誰かと会えるし情報交換もできた。ところが最近では，家族構

成の変容や少子化等から「子育ては結局自分一人で行う」と考え，実行する（せざるをえない）保護者が多くなっている。

　かつての学校現場では，先生の質問に答えられなくとも，子どもはあまり気にせず家に帰り，保護者も「今度は頑張ろう」と励ましてくれた。

　しかし，子育てを一人で背負込むようになったこともあって，まわりが見えにくくなり，我が子が正解を述べられなかった場合等，「先生はうちの子が答えられないのを知りながら指名した。他の親に対して恥をかかせるためにわざと指名した。」と子どもの回答に対して過剰ともいえる反応をする場合もある。

　多様化する保護者とは，以前は同じように考えたり行動したりしていたものが，一人一人考え方が違ったり，自分中心の行動を取ったりするようになることではない。以前と同様に，常識ある発言と行動をとる保護者が圧倒的に多い中で，今までの常識では考えられないような発言や行動をする者が散見され始めてきている状況のことである。

　いろいろな場面で多様化する保護者の様子を整理すると，
・学区制が緩やかになり，学校選択をするために学校や教職員を厳しく観察するようになる。
・子どもの中には，現実の社会とテレビやアニメの世界とを混同している場合があり，問題行動を起こすことがある。この状況が保護者にも広がろうとしている。
・学校で学習中に，競争原理，市場原理に基づき成果を急ごうとする傾向が見え始めてきた。

等の特徴があげられる。

　また，教師という職業を安定した業種と考え，景気に左右されずにリストラがない職業としてうらやむ傾向も見える。かつて，保護者と教師は子どもを中心とした交流があったが，家庭の収入や生活の安定度を介して教師を比較する保護者も現れてきている。

第2章 教育の歴史と教師

1 近代的学校成立以前の教育

(1)「真似る」から「学ぶ」へ

　古代では，子どもの教育をどのようにしたのであろうか。

　古代の人々にとって，日常の生活で最も大切なことは「食料の確保」であった。食料のある場所へ移動して，確保するのが日課であったであろう。そのような生活の中では，食料は何処にあるのか，今日の食料は何か等，大人の活動の様子を観察するのが，子どもの勉強であり仕事であった。

　やがて，食料を確保するのに移動して探さなくともよい時代が来る。食料を採集する時代から，定着して農耕を行う時代へ変わってくるわけだが，それには膨大な時間がかかった。定着して行った農耕としてあげられるのが「稲作」である。定着した生活ができるようになると，住まいにも変化が見られ，人々は竪穴式住居を考え出し，家の中で「火」を使った生活を始めた。

　稲作が広まったのは，それを行っている人々を「真似た」こともあげられるだろう。また，大人の作業の様子を見て子どもたちも「真似て」いくようになる。

　「真似る」活動を修得するには，長い時間が必要であり，環境が整っていることが大切である。当時の子どもたちも「真似る」学習を通して大人へと成長していったことであろう。例えば，「石包丁」の作り方，使い方は苦労の連続だと考えられる。「真似る」活動だけでできるわけではない。大人（親）に作り方の模範を示してもらい，何度も練習し，やがて自分の「石包丁」が完成したのであろう。稲穂を刈り取るには鋭利な断面が必要であり，

石を割って偶然できた断面よりも，意図的に鋭利な断面を摩擦によって作る方が確実であることを「真似る」ことによって知る。いわば「真似る」のが子どもの学習，学ぶことであり，大人が子どもに施す教育でもあった。

(2) 貴族が活躍した時代の教育

貴族が国家経営の中枢になると，必要な知識や文化を身につけるために，いわゆる教育を施すようになる。平安時代の初めまでは，渡来人による文化を摂取した時代であった。この頃の教育施設としてあげられるのが，「大学寮（だいがくりょう）」である。中国の唐の制度にならい成立したもので，律令国家の官吏を養成するため儒学中心の教育施設であった。

(3) 武士が活躍した時代の教育

◎我が国最古の学校

栃木県足利市にある「足利学校」は，室町時代から戦国時代にかけて我が国における最高学府，という存在であった。創立については諸説あるようだが，15世紀に再興され儒学を中心とした教育が行われていた。

フランシスコ・ザビエルが布教で巡礼をしている途中，足利学校を訪問しているが，その学力の高さ，深さに感動している。儒学の他にも，易学や兵学，医学も教えられ，学生は全国から集まり，卒業すると，戦国大名に仕官する者もいた。

◎武士の教育─御成敗式目から

鎌倉時代の武士の教育は「御成敗式目」にその様子が見られる。各時代の教育の特色をみるには，時代を代表する決まりごとを参照する方法もある。

御成敗式目は武士を教育する基礎・基本が根底になっている。武士の生活上の争いや裁判事例を取り上げ，神を敬い，仏を敬うことにより武士の生活が守られることを述べている。

(4) 江戸時代の教育機関

江戸時代の中頃になると，「寺子屋」が各地にできるようになる。主に町民や農民の子弟が通っており，習うのはよみ，かき，そろばんが中心であった。

この頃には，諸大名による「藩校」，民間の学者，有識者によって開かれた「私塾」が存在し，「寺子屋」と合わせ，身分や学問の目的によってそれぞれに通うことになる。江戸中期以降は国民の多くが教育を受ける機会が持てるようになり，当時の世界（17～19世紀）を見渡しても，我が国は最も教育が普及している国の一つであった。

　牧昌見著『要説教育の基礎・基本』（樹村房・2009）には，江戸時代の私塾の特色として次のような論述がある。

　「私塾では，手習いを主とするものから高度な学問に至るまで教育の程度もまた多様であった。これらの私塾に共通する特色は，幕府から干渉を受けることなく私塾的に運営することが出来たので，塾主の人格や学問が，教えを受ける青少年たちに大きな影響を与えた。」

　私塾を開設し，当時の青少年に大きな影響を与えた「塾主」には，伊藤仁齋，貝原益軒，荻生徂徠等の人々がいる。

2　明治期の教育

(1) 学制

　我が国では，1872（明治5）年に公布された学制から近代教育制度が始まったと言える。学制とは，日本で最初に学校制度を定めた教育法令である。その序文は，学制の教育理念を表したものであり，従来の儒教思想に基づいた教育の考え方とは明らかに異なるもので，欧米の近代思想による考え方が取り入れられたものである。

　例えば，太政官布告では学校は，実を修め智を開き才芸を長ずることを学ばせるところで，人はその才能天分に応じて勉励して，このような学問に従事すべきである。学問は立身に欠くことのできない財本で，すべての人が学ぶべきものである，といった内容がある。そして，「邑（むら）に不学の戸なく家に不学の人なからしめんことを期す」という抱負を持って学校の設立を宣言している。具体的には，大中小学区，教員養成学校等が示され，この

学制によって，5万あまりの小学校が設立されることとなった。

　教員養成学校としては，その年の5月，東京に師範学校（normal school）が開校された。初等・中等学校教員の養成（師範教育）を目的とした中等・高等教育機関である。

　この最初の師範学校は東京の湯島聖堂内に設立された。1871（明治4）年に閉鎖された昌平坂学問所を一部引き継ぐ形であった。その後，大阪・仙台・名古屋・広島・長崎・新潟と各大学区に設置された。1878年までに師範学校は，東京師範学校（現・筑波大学）と東京女子師範学校（現・お茶の水女子大学）を除いてすべて府県に移管された。

　1886年，師範学校令が制定され，師範学校は高等師範学校と尋常師範学校に分けられた。尋常師範学校は小学校の教員，校長の養成を目的とし，高等師範学校では，中学校の教員および校長の養成を目的としていた。

　当初の師範学校は，卒業後教職に就くことを前提に授業料がかからず，それ以外の生活も保障されたので，優秀だが貧しい家の子弟への救済策の役割も果たしていた。師範学校→高等師範学校→文理科大学というコースをたどれば，学費無料で中等学校→高等学校→帝国大学というルートに匹敵する教育が受けられたため，経済的な理由で進学を断念せざるをえない優秀な人材を多く吸収した。

(2) 明治期の教育観
◎**教育ニ関スル勅語**

　1890年，教育ニ関スル勅語（教育勅語）が発布された。この教育勅語は，明治天皇の名のもとに発表され，国民に語りかける形式をとっている。教育勅語では重要な徳目として「忠孝」を挙げている。この教育理念は勅語の発布以来，第二次世界大戦終了まで学校の教育で，「修身の教材」の基本となっていた。また，戦前の「富国強兵」「国民統合」の教育における基盤として存在した。

◎**福沢諭吉の教育観**

「天ハ人ノ上ニ人ヲ造ラズ人ノ下ニ人ヲ造ラズト云ヘリ」という一文で有名な，福沢諭吉が著した「学問のすゝめ」には，学問の有無が人生に与える影響が説かれており，進むべき道を示している。

その説くところは，よみかきそろばん，基本的な道徳等の「実学」の重要性であり，その実学は身分に関係なく学ぶもので，それは個々人の独立のためであり，ひいては国家の独立の基礎となる，としている。彼の著書や考え方は，当時の教育政策にも大きな影響を与えたとされる。

3　大正期の教育

◎**大正デモクラシーと教育**

大正デモクラシーとは，明治の終わり頃から大正の中頃にかけて起こった，政治・社会・文化の各方面における民主主義，自由主義的な運動や思想のことを言っている。このような運動や思想は教育界にも影響を与えるようになる。政府主導で強力に進められた教育制度は，一方で，画一的，硬直的，抑圧的といった問題を抱えるようになる。この問題を見直す動きとして現れたのが大正新教育運動である。

子どもの学習活動を重視し，できるだけ自然環境の中で子どもの現実世界に合わせ，経験的，合理的な知識を大切にするという考え方が根底にあった。現れた教育方法として，綴方教育等が挙げられる。そして，自由主義の新教育は，私立の学校を誕生させる契機ともなった。例えば，1917（大正6）年に沢柳政太郎は成城小学校を，1924（大正13）年に赤井米吉は明星学園を創立している。

このように広がりを見せようとしていた大正新教育運動であるが，都市部の富裕層が中心で一般公立学校には普及しなかったことや，自由主義思想が広まることをおそれた政府による思想弾圧によって衰退した。

4　戦時下の教育

(1) 戦時下の国粋主義的教育

1931（昭和6）年の「満州事変」以後，戦時体制の強化とともに，天皇中心とした「国体」にもとづく国粋教育が行われるようになり，それまでのような自由主義による教育は行われなくなっていった。

教師に対しては，天皇の忠実な「臣民」を育てるという臣民教育に，国家の構成員を育てるという国民教育が求められるようになる。

1941年には「国民学校令」が出され，軍国主義に基づく教育が行われた。その第1条には，「国民学校ハ皇国ノ道ニ則リテ初等教育ヲ施シ国民ノ基礎的錬成ヲナス」と規定されている。

(2) 国民学校令

国民学校令とは，それまでの小学校令を廃して1941年3月1日に発布された勅令である。施行は同年4月1日である。

義務教育の年数が8年（初等科6年・高等科2年）に延長され，名称も国民学校初等科，高等科と改められた。

国民学校は，第二次世界大戦の社会情勢によって設けられ，初等教育と前期中等教育を行っていた学校である。子どもが鍛錬をする場として位置づけられ，国に対する奉仕の心を持った少国民を育てたといわれている。

それまでの尋常小学校との大きな違いは，学区制が導入されて学区内に住所のある児童・生徒のみしか入学できなくなったことであり，いわゆる越境入学は厳しく制限された。

国民学校の教科
　初等科　国民科—修身，国語，国史および地理の科目
　　　　　理数科—算数および理科の科目
　　　　　体錬科—体操および武道の科目（女子は武道を除く）
　　　　　芸能科—音楽，習字，図画および工作の科目（女子は裁縫）

高等科　国民科—修身，国語，国史および地理の科目
　　　　理数科—算数および理科の科目
　　　　体錬科—体操および武道の科目（女子は武道を除く）
　　　　芸能科—音楽，習字，図画および工作の科目（女子は家事・裁縫）
　　　　実業科—農業，工業，商業または水産の科目
　　　　外国語その他必要な科目（必要に応じて学校ごとに設ける）

(3) 学徒動員・学童疎開

◎学徒動員

　学徒動員とは日中戦争が拡大されるに伴って，農村・工場などの労働力不足を補うために学生・生徒を強制的に動員したことである。

　1938（昭和13）年，文部省の「集団的勤労作業運動実施ニ関スル件」の通牒により，中等学校以上で夏季休暇の前後などに3～5日の勤労作業が始められた。

　1943年には，閣議で「学徒戦時動員体制確立要綱」を決定し，戦力増強のために，本格的な軍需工場動員と「直接国土防衛」の軍事訓練の徹底をした。1944年には「決戦非常措置要綱ニ基ク学徒動員実施要綱」を閣議決定し，中等学校以上の生徒は男女を問わず工場に配置されることになった。

　1945年3月には国民学校初等科を除き1年間の授業が停止され，学徒は軍需生産，食糧増産，防空防衛に動員された。その数は同年7月には300万人余りに達したとされ，最大の危機にあった軍需産業での支柱的役割を果たした。

　その一方で，学力低下は免れず，一般工員との摩擦や空腹，けが，病気，風紀問題などさまざまな問題が起きた。動員中の空襲等で多くの死傷者も出した。

◎学童疎開

　太平洋戦争の末期，不利な戦局下で，予想された空襲の被害を避けるために大都市の国民学校初等科児童を個人または集団で農村地帯に移住させた。

連合軍による直接的な本土攻撃の危機が増大した1943年に都市疎開実施要綱が閣議決定されて，都市施設の地方分散が図られた。アメリカ軍の長距離爆撃機B29による空襲が激しくなる中で，大都市にいる児童の生命を守るために1944年6月に学童疎開促進要綱が決定された。

この決定により「縁故疎開」を原則としながらも，それが不可能な国民学校初等科3～6学年の児童を「集団疎開」させた。東京ほか12の該当都市が指定され，学校ごとに近郊農村地帯への移動が始まり，1945年春には全国で約40万人を超える児童が疎開したといわれている。

十分な準備もなく，親もとから離れて寺社，公会堂，旅館等に収容された疎開児童たちの生活は授業どころではなかった。毎日の生活では食料，衣料，衛生用品の不足のために病気やノミ，シラミの発生等に悩まされつづけた。

悪条件下での軍国主義的な共同生活は，戦局の悪化にともない児童と教師の心理状態を圧迫し，疎開から逃走する児童と追いかける教師との混乱，食料や燃料の確保を巡って仲間同士の見苦しい対立，同じ仲間同士の不信，精神的なストレスの蓄積による苦悩をもたらすとともに，疎開先の住民との間にも軋轢を生み出した。

学童疎開は戦禍から都市に生活していた児童の生命を一定数守ったとはいえ，場所によっては，疎開先の空襲で命を落とした児童や教師もいた。自分が疎開している間に，都市部に住んでいた家族が戦災に遭い，家族を失い戦災孤児，浮浪児となる子どもも多くいた。

5　戦後の教育

(1) 新しい教育制度

戦後になって，教育は大きく変換した。教育の理念や方向により国を滅亡に追い込むこともあることを経験した我が国では，おもにアメリカの教育使節団の勧告を受け，教育制度を大きく変換することになる。

その前提として，戦後の新しい世の中を民主主義の社会にする基本的な理

念が「日本国憲法」に定められた。憲法が別に定めるよう指示している「教育基本法」には新しい教育理念が示され，その理念を実施するために各種の教育法規が作られた。

主なものには「学校教育法」「地方教育行政の組織及び運営に関する法律」「教育委員会法」等がある。また，教員の服務等は地方公務員として「地方公務員法」により定められた。

◎**教育委員会制度**

戦前の苦い経験から，戦後の教育の特色は地方公共団体の首長から独立して，複数の教育委員による合議制にしたことである。

すべての地方公共団体には，教育の政治的中立という観点から，教育事務を執行する機関として，地方公共団体の長から独立して自ら決定権をもつ教育委員会が設置されている。

教育委員会は「地方教育行政の組織及び運営に関する法律」（昭和31年法律第162号）の定めるところにより，教育に関する事務を処理するため，都道府県，市町村等に設置される合議制の執行機関であり，議会の同意を得て市長が任命し，その任期は4年となっている。また，委員の身分は特別職の地方公務員で非常勤となっている。この教育委員会制度は，一般人である非常勤の委員で構成される教育委員会の委員の合議により，大所高所から基本方針を決定し，それを教育行政の専門家である教育長が事務局を指揮監督して執行するという「レイマン・コントロール」のもとに運営されている。

委員長は，委員の中から互選で選ばれ，教育委員会を代表し，教育委員会の会議を主宰する。委員長の任期は1年だが，再任されることもある。

教育委員会の権限に属する事務を処理するため，教育委員会に教育長と事務局が置かれている。

教育長は，委員長以外の委員の中から教育委員会が任命する。教育長は，教育委員会の指揮監督の下，すべての事務をつかさどる。

事務局は，教育長の統括のもと，教育委員会の権限に属する事務を処理す

(2) 戦後の教師像
◎童謡にみる学校と教師の捉え方の違い

「雀の学校」と「めだかの学校」，良く知られた童謡であるが，この二つの童謡をもとに戦前と戦後の学校の様子を比較することがある。

ともに可愛らしい童謡だが，歌詞には戦前と戦後の学校の特色が表れているという。「雀の学校」には，みんな一緒に学習する大切さが込められている。「ちいちいぱっぱ」とは，雀の鳴き声と羽ばたき音の合成語のようだが，リズム感が良い。戦前の学習では，国語はみんな声を揃えて朗読する活動が数多かった。運動会でも先生に教えられたことをみんなと同じようにできることが重視された。

「めだかの学校」は作詞家の茶木滋が小田原の荻窪用水を我が子と散歩している時，用水に泳ぐ「めだか」を見て，我が子が「めだかの学校」と話をしたのをヒントに作詞されたという。茶木は戦時中に小田原に疎開していたが，終戦となり平和な田園を子どもと一緒に散歩するのが楽しみであったという。戦後の食糧難の時代，就職難の時代，家族が崩壊して駅舎を寝ぐらにしていた浮浪者等，戦後の厳しい世の中から和やかな世になることを願っていた頃である。

戦後になって，国民生活の根幹である新憲法が制定され，それによって，教育基本法，学校教育法等の教育に関する法規が見直され制定された。教師と児童・生徒の距離も縮まった。「だれがせいとか，せんせいか……」の歌詞が代表しているようである。戦後に制定された教育基本法や学校教育法は平成になって見直しがされたが，その教育理念は不易なものである。専門職としての教師には教育法規の解釈は重要だが，その場合，戦前のものとの対比にも留意したい。

第3章 現代の子どもの姿

　大量生産・大量消費の時代は過去のものになり，多品種少量生産の時代になって久しい。エネルギー資源等環境問題への関心の高まり，情報化の進展等，自然環境から生活スタイルに至るまで，その変化は著しく子どもたちの成長にも大きな影響を与えている。

　子どもたちの生活体験の不足，地域社会との関わりの希薄化等さまざまな問題が指摘されるようになった。ただ，社会がどんなに変わろうとも，子どもたち自身が社会や人との関わりの中で自分の生き方を考え，決定し，行動していく力，さまざまな問題に直面したとき，それを解決していく力を身につけさせる，という教育の大きな目的に変わりはない。

1　社会的環境の変化

　戦後の著しい経済発展，科学技術の高度化，情報化，高学歴化，少子高齢化等が進む中，人々のライフスタイルの変化や価値観の多様化が見られる。人々の生活水準は向上し，自由時間も増大している。人々は物質的な面での豊かさに加え，精神的な面での豊かさを求め，生涯を通じて健康で生きがいのある人生を過ごすことや自己実現等を求めるようになった。人々の自由な時間は個人により異なり，その時間に何をするか，「活動内容の多様化」が生まれた。

　このような状況で，人々は高度で多様な学習機会を求めるようになってきている。また，近年，産業構造が急激に変化しており，継続的に知識・技術を習得することが必要になるとともに，転職等人材の流動化も高まり，リカレント教育の必要性とその充実が一層強く求められている。さらに，単に学

習するだけではなく，その学習成果を地域社会の発展やボランティア活動等に生かしたいと考える人も多くなってきている。

　社会的環境が多面的で複雑化すると，人々も多様な考え方を持つようになり，活動範囲も広がりを見せている。その結果として，必然的に人々の協働意識が希薄となった。

　かつては，子ども社会では集団に溶け込まない子がいれば誘い合い，仲間に引き入れる力が働いていたが，昨今ではそのような関係を持てない状況にあると考えられる。

(1) 地域社会と子ども

　地域社会は，子どもに多様な体験を通して社会人としての必要な知識や技術を身につける場である。また，家庭や学校で身につけることが難しいルールや社会習慣について学ぶこともできる。

　最近の子どもは，地域社会から離れる傾向があるといわれる。家庭は核家族化し，会社や事務所に勤務する者が多くなると地域社会と関わりが薄くなってしまう。隣近所での助け合った暮らし，声の掛け合いや連帯感も減っている。子どもたちがさまざまな活動に主体的に参加し，地域の人々と交流しながら多様な生活体験，社会体験，自然体験を豊富に積み重ねることが大切になっている。

　2006年12月に教育基本法が改正され，そこには「学校，家庭，及び地域住民等の相互の連携協力」が謳われている。また，2008年の中教審答申「幼稚園，小学校，中学校，高等学校及び特別支援学校等の改善について」では，「家庭や地域との教育力の低下を前提に，学校教育がそれにどのように対応するか」が示されている。

　より一層，学校・家庭・地域の相互補完，連携が求められている。

(2) とりまく環境と家族

◎**古代の家族**

　狩猟採集の生活から農耕社会へと転じた人類は，定住を始めた。そこでは

自然を相手にして労働が成り立っていたので、単独では生活できず何人かが集まって、田畑を開墾し耕作した。生産向上に役立つ知恵は豊富な経験から生まれ、長く生きることでより豊かな知恵を体得させた。そのことからも、年寄りは大切にされ、家族が年寄りを抱えることは、生活が豊かになることにつながると考えられた。

◎**工業化社会の家族**

産業革命により個人の労働力という概念が生まれ、科学的な探求心がより生産性の高い工業社会を生み出した。工業社会における理念は、個人の知的な活動を優位とする傾向がある。そのため、家族は必ずしも複数の世代の同居を必要としなくなった。

農耕社会が肉体労働にその基礎を置いたのと同様に、この時代に生まれた工場での労働には男性の屈強な肉体が不可欠で、収入を得る男性、直接収入を得ない女性という家庭の構造も生み出した。

◎**情報化社会の家族**

情報化社会では、必ずしも形があるわけではない生産物「情報」が商品となり、その生産にはそれまでの産業のような肉体労働を特に必要としない。産業自体が、物的な生産から知識をめぐる生産へと変化し、肉体的な腕力が不要になったのである。むしろ繊細で注意深い、精神的な働きが要求され始めた。

情報化社会では、肉体的な労働から離れることによって男女差を減らし、優れた頭脳を死蔵するのは社会的な損害だと、経済活動が見直され、より一層の生産活動のために男女を問わずに優れた頭脳を求め出した。

情報化社会では、性による属性の違いよりも個人としての人間が求められるのである。

◎**現代の子ども**

農耕社会では、子どもといえども身の回りの始末ができるようになると、それなりの仕事が待っており、充分な労働力だった。

だが学校ができて以降，子どもを労働力とは期待できなくなったし，むしろ出費の対象になった。また，社会福祉のなかった当時，年老いた両親の老後を見るためにも，子どもは不可欠の存在だった。しかし社会福祉の普及や，高度成長を経て親たちの蓄財が進むことによって，親たちは老後に子どもの支えを期待しなくてもすむようになった。

　情報化社会は女性に自立する道をさらに広げたが，そのことによって生活のための結婚は減少していくこととなった。

　農耕社会や初期の工業社会では，親にとって子どもは不可欠だったから，親への反抗が生じないような教育，しつけが重要であった。

　いつの時代も子どもにとって親は養育者である。ただ，情報化社会の家族は，生活の必要性を満たすために存在するだけではなく，血縁や経済的な結びつきを越えた，純粋に愛情を満たすという側面も持っている。

　その愛情が希薄になると，「突然キレる子ども」に変容する者が出てくる。その子どもは親や教師にさまざまな要求を出しながら育っていく。要求が通れば「満足」する。要求が通らない場合は，相手を攻撃したり，自分の心を閉ざし「自分の殻」に閉じこもったりする。この現象が成長に伴って過大になり，相手を攻撃する者はやがて反社会的行動にエスカレートしたり，自分の殻に閉じこもる者は「不登校」になったりする傾向がみられる。

　現代の子ども理解は複雑で多岐にわたり，子どもどうしの人間関係にも留意する必要がある。成育年齢は高くとも人間関係が希薄な子どもは自分中心の世界を想定して生活していることに留意したい。子ども理解に精通した教師になることが急がれる理由はここにある。

　最近の子どもは「けんか」が下手，あるいはできない，ともいわれる。そして子どもがけんかをすると，必ずと言っていいくらい保護者が介入する。子どもは「けんか」をして，「けんか」を自分の力で解決することによって社会性を身につけていく。ところが，けんかの途中で親が介入すると社会性を育てる機会を失ってしまうことになりかねない。最近の子どものけんかが

「2チャンネル」と言われる所以である。

　また，子どもの中には，現実の世界とテレビやＩＴの世界を混同している者がいる。そのことが大きな事件に発展する場合もある。教師にとって子ども理解は最も重要な職務になっている。

2　保護者と子ども

(1) 保護者が経験した頃の教育動向

　子どもの姿の背景には保護者の存在がある。

　2010年の現在，小学生の子どもを持つ保護者を平均的に考えるならば，義務教育に通っていたのは，昭和から平成にかけてとなるだろうか。この頃は，教育の荒廃が叫ばれており，当時の中曽根首相は文部省（当時）に任せるのでなく，首相の諮問機関として臨時教育審議会を立ち上げ，教育改革についての諮問を行っている。

　1970年前後に生まれたことになる現在の保護者は，高度経済成長の陰りとひずみが現れた頃の誕生となる。受験競争の波は相変わらずであり，一方では，校内暴力の発生，「いじめ」という言葉が日常的に用いられるようになった頃でもある。学校や教師に不信感を持っている者も中にはいた。

　高学歴の保護者も多くなり，ものの見方，考え方，価値観の多様化が進んでいる。学校教育に対する不信感を持つ人もいるが，その背景には，昭和の終わり頃の教育界の荒廃が影響しているとも考えられる。

(2) 保護者からの苦情例

　首都圏のある学校が保護者にアンケートをとったところ，次のような要望や苦情が出たという。このような傾向は，この学校だけではないように思われる。

・担任を替えてほしい―うちの子が挙手しても指名してくれない
・担任に体罰をさせないで―床や廊下を雑巾で拭く指導をしていて
・ひいきをしないで―チョークを職員室からとってきてと頼んだら

- 他の学級より学習が遅れてる―国民の祝日があって休日になった
- 成績を上げて欲しい―ワークの点数が悪かった。
- 担任の教え方が変だ―隣の先生（ベテラン）は上手だと比較して
- 塾で勉強したのと違う―進学塾の講義と比較して
- 学級が荒れている―特別支援が必要な子どもが交流で入室したら
- ○○が居るので勉強できない―特別支援の子どもは別室にしてほしい
- 学校では，子どもをしっかりしつけてほしい―しつけは家庭の問題
- 学級担任の指導方針がおかしい―理科室で実験したら，時間がもったいない。教室で説明すれば分かると言われる。

　学校といえば「知とモラル」の中心的存在だったが，その時代は過ぎ去ったといえるのかもしれない。

第4章 専門職としての指導能力の高揚

　学校で、子どもにとっても、教師にとっても、最も多くの時間を費やすのは学習活動であり指導時間である。ベテラン教師の中には、子どもに主体的な学習計画を立てさせ、学習を進めていく指導法を身につけている者もいるだろうが、多くの教師は学習指導に苦労しているのが実状であろう。

　学習指導では、まず単元全体を何時間で学習するか、おもな学習内容は何か、子どもに徹底させる内容は何か等を見通していく。

　次に、各時間に学習する内容を学習指導要領とも照らし合わせながら、教科書等を参考に確定する。各時間の学習内容が決まったら、教師の基本発問をつくる。この時、留意したいことは、教師の発問や指示に対して、学習者である子どもはどのような反応をするか「予想される子どもの反応」を要素として加えておくことである。

　子どもは予想したように反応したり、回答したりするとは限らない。むしろ、教師の予想とは異なる反応する場合が多いと考えたい。子どもがなぜ、教師の予想と違う反応をしたかを自問自答し、子どもの反応に沿った学習展開を考えることが望ましい。子どもの反応が予想と違うからといって、教師の考えに無理に向けさせようとすると学習意欲は減退し、教師と子どもの人間関係も気まずいものになりかねない。それが原因でいきすぎた指導や、学級崩壊が発生することにもなる。

　学校の学習時間は無限にあるわけではない。限られた時間に子どもの学力が身につくよう指導するには、年間を見通した詳細な学習指導計画が必要である。

第4章　専門職としての指導能力の高揚

1　学習活動の多様化を図る指導技術の工夫

　学習活動の展開方法によって，同じ時間でも学習内容量は異なるものである。子どもの実態に応じた展開方法を工夫したい。下記の図は，学習内容の量と学習時間の相関関係を示している。同じ学習内容量でも学習活動の仕方により学習時間は大きく違ってくる。学習活動が少ない時間で内容を指導すれば学習理解度は浅くなる。以下，各タイプの特色を参照してもらいたい。

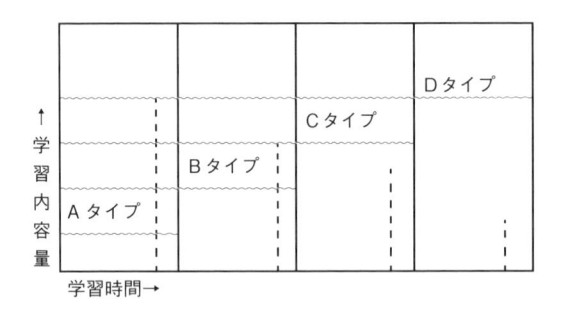

```
↑                              Dタイプ
学                      Cタイプ
習              Bタイプ
内      Aタイプ
容
量
            学習時間→
```

　Aタイプの学習活動は，学習時間（波線）は短いが，学習内容量（破線）は多くなっている。このような学習展開は，例えば「講義」等が該当し，教師は子どもに一方的に講義をすることになる。子どもは分からなくなると，質問するが，学習時間の大部分は教師の「思惑」通りに学習が展開することができ，単位時間内に大量の学習内容を教えられる利点がある。

　Bタイプの学習時間はAタイプより長くなっているが，学習内容量はAタイプより少なくなっている。このような学習展開の例として「話し合い活動」「一問一答式の活動」がある。

　講義は教師中心に進められることになるので，子どもにどの程度理解されているか，子どもはどの程度思考しているか等を洞察するのが難しい。子どもは講義を聞くことにより解答を得てしまうので，思考や判断をすることが少なくなる傾向がある。

それに対して，例えば「一問一答式の活動」では，教師が質問すると，子どもは回答を模索し，分かったと思う者は挙手をする。教師は時間に配慮して，挙手が多くなった所で一人を指名する。指名された者は解答を発表し，その答えによって評価を受ける。

　この学習では，教師が質問した時が，思考したり，判断したり，表現したりする等の能力を身につける機会ともなる。

　指名された子どもは自分の解答の正誤が分かり，指名されなかった子どもは，発表者と自分の解答を比較する事ができる。一人一人でも判断力を鍛える事ができるわけである。Aタイプに比べて理解が深まり，能力育成もできる利点がある。

　Cタイプの学習活動はBタイプよりもさらに学習時間が長くなっているが，それに反比例するように学習内容量は少なくなっている。このような学習展開例として，例えば「見学学習」「実験・観察学習」が考えられる。いわゆる教室での座学から離れて特別教室や校庭，時には，担任をサポートする教師を加えて校外に見学に出かける学習である。

　学習内容は限られてくるが，教室から学習場所に移動する時間等，学習の時間は多く必要となる。また，教室とは違う学習環境なので，安全への配慮も必要となる。

　この学習では，実物を身近で観察したり，見学したりして，学習活動を通して理解が深まる良さがある。

　Dタイプの学習展開では，Cタイプより学習時間がさらに多く必要になり，時間を多く消費したわりに学習内容は少なくなっている。

　このような学習活動として，体験活動，自然教室，遠足や修学旅行等が挙げられる。社会科の体験学習の例として，伝統的産業を取り上げることがある。例えば，「和紙づくり」であれば，原料集めから実際の紙すき作業，加工や後片づけ，外部講師を招くこともあるので時間と手間がかかり，教師の想定時間を超えてしまうことがある。だが，このような学習は学校を卒業し，

大人になっても，記憶に残るものである。

2　興味・関心を喚起させる指導技術の工夫

(1) 生活経験・レディネスの掘り起こしから

　学習指導の展開に当たり，まず留意することは，学習内容が子どもの実態に合っているかどうかを見極めることである。

　子どもたちにはすでに分かっている，例えば，前時や他教科等で扱っていて学習内容の重なりが多いと，学習意欲は減退するものである。一方では，学習の連続性に留意したい。指導内容はそれまでの学習（前時まで）で得たレディネス（その学習をする上で必要な素地が用意されている状態）が大切であり，それをもとにして次時以降の学習が展開されていく。

　最近は学習塾に行っている子どもが多い。学習塾には，予習や進学に向けた学習を中心としたもの，分からないところを復習させる，補習を中心としたもの等，いくつかのタイプがある。教師としては，学習塾に振り回されない，しっかりした学習計画と教材研究が大切である。

(2) 学習活動方法と年間学習指導計画の関係

　年間学習指導計画の作成にあたっては，学習指導要領等をもとに各教科・領域の時間数を参考にする。なお，特別活動では，例えば学校行事のように指導時間が示されていないものもある。内容を精査して適切な時間配当が必要である。

　学習の展開方法は数多くある。展開には個性があり，特色がある。前述では学習時間の長短と，子どもが理解する浅深には相関があることを指摘した。

　子どもに充分な理解を図るために，見学学習や実験・観察，体験学習を多く取り入れれば，年間の学習時間は足りなくなる。また，学習時間にゆとりを作ろうと，講義を多くすれば子どもの理解は浅いものとなり，能力育成も不十分となる。

　そこで，年間学習指導計画を作成する場合，学習内容を子どもが身につけ

るために展開方法を色々と工夫する必要がある。

(3) 学習内容と学習方向の相関

　子どもに学習指導をする場合，子どもの学力実態，何が分かって，何が分からないか，を把握しておくことが大切である。

　その例として，学習の理解状況と子ども自身の認識について，その相関を考えて見る。

↑学習内容	C 学習して「何が分からないか」が分かっている	A 学習して「何が分かったか」が分かっている
	D 学習して「何が分からないか」が分からない	B 学習して「何が分かったか」が分からない

子ども自身の認識（学習方向）→

　学習をしている子どものタイプには次の4通りがある。

A　学習して「何が分かったか」が分かっている。
B　学習して「何が分かったか」が分からない。
C　学習して「何が分からないか」が分かっている。
D　学習して「何が分からないか」が分からない。

　それぞれの傾向は，次のように考えられる。

　Aタイプの子どもは，学習内容が良く理解され，学習への意欲的な認識もある。特に心配はない子どもである。

　Bタイプの子どもは，学習内容が分かっているが，本人は分かっていないと思っている。保護者や周囲からの強い指導により，仕方なく学習しているタイプの子どもに見られることがある。

　Cタイプの子どもは，今学習している内容の何処が分からないのか，分かっているのは何か，が整理されている。主体的に学習に取り組む姿勢が見える子どもである。

Ｄタイプの子どもは，今学習していることがまったく分からない状態で，何が分からないのか，が分からない子どもである。

学習指導に際して難しいのはＢタイプである。また，このタイプは担任がよく気を配っていないと見えてこない。Ｄタイプは学習遅進なのか，怠学傾向にあるのか観察をし，個人的に指導する機会を設ける必要がある。

3　学習展開に「矛盾・疑問等」を意図的に導入する指導技術の工夫

学習展開では，教師中心となることは避けたい。教師の考えた学習指導案を中心に授業が流れていくが，必ずしも教師の想定の通りにはいかない。子どもの反応に留意して発問をよく吟味したい。

学習展開の途上に意図的に「矛盾」や「疑問」を感じる場面を設定すると，その矛盾や疑問を解決しようとする意欲が喚起される。その事例を日頃の生活や子ども同士の生活の中から探させると効果的である。

(1)　矛盾意識が学習の意欲喚起を

●事例　電気冷蔵庫

教師「10年前（平成10年以前）内容量が200Ｌの冷蔵庫の1カ月の電力料金と，現在の同内容量の冷蔵庫の料金では，どちらが高いと思いますか。」

子ども「現在の方が技術が進歩しているから，エコも進んでいるから安いと思う。」

教師「大当たり，みなさんの思っていたとおりです。現在の冷蔵庫は10年前の冷蔵庫の1／4ぐらいと言われています。どうして，そんなに安くなったのでしょうか。」

子ども「……。」

教師「冷蔵庫にものを入れたり出したりすると，ドアが空いたので冷蔵庫

内の温度は上がりますね。温度が上がると，モーターがまわって冷蔵庫を冷やします。冷蔵庫が良く冷えたらモーターは，どうなりますか」

子ども「当然モーターは止まる。」

教師「大正解です。そのとおり10年前の冷蔵庫は庫内が暖まるとモーターがまわり，冷えるとモーターが止まりました。だから，現在の冷蔵庫の電気代の4倍もかかっています。」

子ども「無駄遣いしてないのに，何故現代よりも4倍も電気をつかうのだろうか，不思議だな～。」

教師「現在の冷蔵庫は庫内が暖まるとモーターはまわりますね。まわらなければ冷えないからね。それでは現在の冷蔵庫の庫内が冷えました。モーターは回りますか。それとも止まりますか？」

子ども「昔の冷蔵庫より電気代が安いのだから，モーターは止まる。」

教師「それでは，10年前の冷蔵庫と同じですね。電気代が安くなるには何かが，変わらなければ……。」

子ども「電気代が安くなるには，モーターを止めればよい。電気を使わないから，……。もしかして，冷蔵庫が冷えてもモーターが回ったらおかしいよね。」

教師「すばらしい発想ですね。現代の冷蔵庫は庫内が暖かくても冷えていてもモーターは回っているのです。だから電気料金が安くなったのです。」

子ども「それはおかしい。モーターが回るとお金がかかる。モーターが回らなければお金はかからない。それなのに，何故モーターが回り続けてお金がかかり続けているのに安くなるの……。」

教師「確かに変ですね。みなさん，どうしますか。」

前述した学習活動の展開では，学習内容と学習時間には理解度の深浅の相関があることに触れたが，この冷蔵庫の事例で検証すると次のようになる。

Aタイプ（講義）─ポンプを回転させるモーターには回転を始める時に電力を大量に消費する性質があることに気づかせる。
Bタイプ（話し合い）─子ども同士が「何が矛盾か共通理解する」話し合いをする。「矛盾」点が明確になったら，自分たちの力でできるか考え，その方法を話し合う。
Cタイプ（見学）─電力消費量が本当に少なくなっているのか，10数年前と現在の冷蔵庫を用意して，モーターの回転音や電流計を調べる実験をする。
Dタイプ（体験）─電器店を訪ねて「矛盾」を提示し説明を受ける。

　学習意欲を喚起させる方法として，「矛盾」「疑問」を子どもの思考に組み込むと効果的である。

(2) 知的好奇心を揺り動かす

　子どもに限らず，知っているようで，知らなかったことが分かった時，知的好奇心が揺り動かされ，学習意欲が高揚するものである。

●事例　貝塚

　歴史の学習で，貝塚は古代人が食べた貝の殻が堆積してできた物だと教わる。この場合，貝塚の広さ，深さを調べ，さらに学芸員に教えてもらうと，何年間にわたって何人ぐらいの人が貝を食べたかが分かる。具体的な数字で理解すると古代人の生活に好奇心が揺り動かされる。

　やがて，縄文時代に大量に貝を食べていたのに，弥生時代になると貝塚がほとんど出土しないことが分かる。突然貝塚が現れなくなったのは，なぜなのか，見学から疑問が生じると好奇心となって学習意欲をそそる。

●事例　金魚と鯉

　公園の池に魚がいることがある。雨が降った場合，大きく育った鯉等は悠然と草むらに身を寄せるが，小さな金魚や鯉は木陰や橋の下に移動するという。雨が降ると，池の魚も雨宿りをするようである。

　水の中に住んでいる魚にとって，雨が降っても生活に問題はないように思われる。雨の日に学校の池にいる金魚や鯉を観察に出かけると，橋の下や木

陰に身を寄せている魚を見つける事ができる。
　子どもには，雨が降ると何故魚は雨宿りするのか，その理由は分からない。しかしながら，水の中に住んでいる魚も雨宿りするという好奇心が，その後の学習に大きな効果を発揮する。

(3) 逆転意識が学習の意欲喚起を

　地域学習をしていて，道路に視点を当て地域の特色を学習していた時，子どもから「交通事故が，何処で発生したかも調べたい」との提案があった。

●事例　交通事故調査

　教師は地域巡りで，交通事故が発生しやすいと思った場所についてメモするように指示した。

　教師「私たちの住んでいる町には，広い道路がありますね。片側３車線で往復６車線の国道です。車の数は多いし，スピードも早い道です。また，住宅地の中には細い道がたくさん通っています。車がすれ違うことはできますが，すれ違いができない道は「一方通行」になっています。」

　子ども「商店街も道は広いけど，車の通行は禁止になっている道路もあります。」

　教師「良く気がつきましたね。明日の地域巡りでは，道路も見てくることにしましょう。みなさんは，車がスピードを出して走る国道と，住宅地の狭い道でときどきしか車が走らない道を比べて，交通事故はどちらが多いと思いますか。」

　子ども「町巡りで確認すれば……。」

　子ども「交通事故に遭うわけにはいかないよ。」

　子ども「町巡りの途中で警察署に寄って教えてもらえば……。」

　教師「良い案が見つかりましたね，警察署には，大きな地図があって，交通事故が起きた場所に印が付いています。それを見せてもらいましょう。ところで，みなさんは国道と住宅地の道とでは，どちらが交通事

故は多いと予想しますか。」

子ども「車がスピードを出して走っている，国道が圧倒的に交通事故は多いと思う。

多くの子どもが交通事故の発生する道路は国道だと予想した。町巡りでは警察署で交通事故が発生した場所を示す地図を熟視した。その結果，国道にも少し事故が起きているが，ほとんどは住宅地の車が少ない道路で交通事故が発生しているのを確認した。

教室に戻って，

教師「交通事故は，みなさんの予想した道路で多く発生していましたか。」

子ども「予想と違っていた。」

子ども「国道は車も多いし，スピードも出しているのに交通事故が少ないのは何故だろう。」

子ども「国道よりも住宅地の道で交通事故が多いのは，へんだね。なぜだろう。」

子ども「先生，もう一度，見学に行かせて下さい。」

子ども「国道には，交通事故が起きないような秘密があるんだ。それを探しに行きたい。」

子ども「もう一度，国道と住宅の道を比べに行きたいです。」

町巡りの学習で，町の特色や公共施設を白地図にまとめる学習をしていたが，町巡りの計画段階で「国道と住宅地の道路」の交通事故の様子を教師が投げかけた。子どもたちの予想は「交通事故は国道に多く発生し，住宅地の道路では少ない」であった。

町巡りをしてみると，子どもたちの予想は見事に外れた。子どもの思考は事実に合わせ逆転したことになる。

再度，見学に行った。見学の目的は明確で，何を見てくればよいか，教師の説明は不要であった。子どもたちは，国道には交通事故を防ぐ施設として，「歩道と車道の境にはガードレールがある」「信号機がある」「横断歩道橋が

ある」等，住宅地にはない交通事故防止の施設を発見した。

どの施設も子どもにとって知らない物ではなかったが，施設の役割を深く理解したことになる。

(4) 対立意識が学習意欲の喚起を

地球温暖化による環境の悪化が問題になっている。地球環境を改善するには，地下資源に頼るエネルギーから，クリーンなエネルギーを使う生産や生活が求められている。その方向性は明確になっているが，経済効果の面からは難しい現状がある。

そこで，子どもたちにエネルギーに関心を持ち，環境教育の実践を図る学習が全国的に展開されるようになった。

●事例　火力発電と風力発電

教師「最近，地球環境が悪くなっていることが，報道されていますが，どのようなことか知っている人はいますか。」

子ども「地球環境が悪くなっている例として，南極や北極の氷が溶けて，太平洋の島国では，水没しそうな所があるそうです。」

子ども「ヒマラヤやアルプスの氷河が溶け出して，氷河が流れる流域の人々は危険になっています。」

子ども「空気中に二酸化炭素が増えだしたので，アトピー性皮膚炎や癌などの病気が増えているそうです。」

教師「みなさんが発表してくれたことは，人間にとって大変困った問題ですね。」

子ども「人間だけでなく，動物も，植物も命を持っている生物には，みな困った問題です。」

子ども「問題の原因は地球の温暖化です。地下資源を大量に燃やしたので，地球が温室のように暖まり，二酸化炭素も増えたのです。」

教師「地球の温暖化が環境を悪くしているようですね。地球が温暖化したのは大量に石油や石炭を燃やしたからだといわれています。でも，エ

　　　　ネルギーを使わないと生活ができませんね。みなさんは電気のない頃のような生活ができるでしょうか。」
子ども「二酸化炭素を出さないエネルギーを使えばいいです。」
子ども「それも，ありますが，そもそもエネルギーをできるだけ使わない工夫が大切です。」
教師「なるほど，良い意見が出ました。みなさんはどう思いますか。二酸化炭素が出ないクリーンエネルギーを使うようにする意見の人と，省エネを徹底する意見の人がいるようです。それぞれの意見に付け足すことがあったら，発言してください。まず，クリーンエネルギーが良いと考える人は発表してください。」
子ども「私はクリーンエネルギーが良いと思います。地球温暖化が進んだのは石炭や石油，天然ガス等の地下資源を掘り出して，それを燃やしたから二酸化炭素が空気中に増えたのです。そうすると，地球が温暖化して，地球環境が悪くなります。だから二酸化炭素の出ないクリーンエネルギーだけを使えば，地球環境を改善できます。」
子ども「その考えは，良いと思いますが，例えばどのように発電しますか。」
子ども「例えば，風力発電があります。」
子ども「風力発電は確かにクリーンエネルギーですが，私たちが使うだけの発電がつくれますか。風力発電は，風がなければ発電できません。また，台風のような強い風が吹いても発電はできないそうです。風力発電だけでは到底足りません。だから，省エネをする方が大切だと思います。」
子ども「クリーンエネルギーは風力発電だけではありません，太陽光発電もありますし，地熱発電や波力発電もあります。」
子ども「やはりクリーンエネルギーでは足りないと思います。風力以外の発電方法がいろいろあるのは分かりますが，やはり足りないと思いま

す。クリーンエネルギーは良質なことは分かっていますが、なぜ、もっと大量に発電しないのでしょう。」

子ども「クリーンエネルギーは、まだ、研究段階にあって実用段階になっていないのではないかと思います。でも原子力発電は実用段階に入っています。」

子ども「原子力発電は、確かに実用段階に入っています。ただなかには、原子力発電は危険だと思っている人もいますね。」

子ども「原子力発電は二酸化炭素が発生しないので、地球温暖化の心配はありませんね。それと省エネを進めることについてですが、なかなか自分の問題として考えている人が少ないように思います。」

子ども「省エネは、エネルギーを使っている私たちの意識が大切ですが、電化製品も省エネの研究が進んで、例えば、電気冷蔵庫やエアコンは10年前に比べて電力使用量は半分以下になっています。電気をつくる会社はクリーン電力を安く作る工夫と努力を、電化製品を作る会社では消費電力を少なくする開発を、私たちは無駄な電気を使わない生活をすることが大切です。」

教師「クリーンエネルギーの実用化も大切ですが、省エネも大切ですね。省エネは私たちの生活でするものだと思っていましたが、エネルギー供給者もエネルギー消費する電化製品会社も省エネが大切ですね。」

学習展開に当たって、子どもが互いに自分の意見を述べあう「対立」の思考を生かすと、学習に関心が高まり、話し合いが盛り上がる。

(5) 意外性が学習の意欲喚起を

学習展開上の工夫として「意外性」は子どもの発達段階に関係なく効果がある。

例えば、我が国の食料自給率を昭和40年からの推移で調べると、次第に自給率が下がっていることが分かる。ただこのグラフを見て、下がる様子は

急激になっていると，危機感を感じる子どもは少ないであろう。

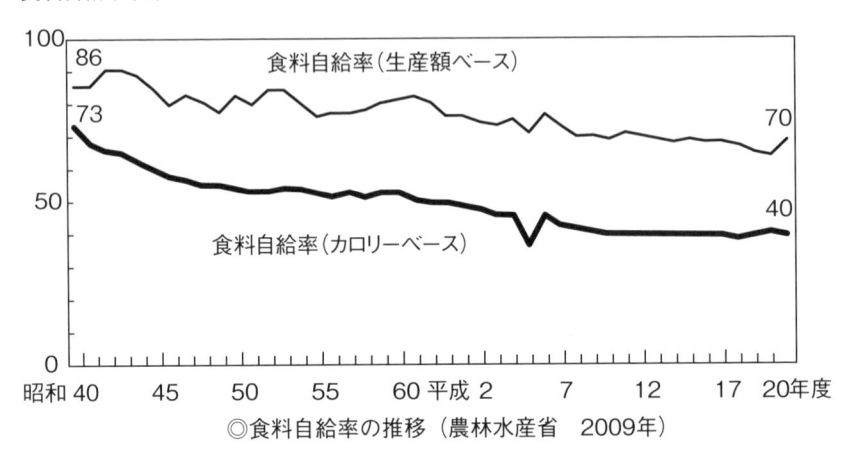

食料自給率(%)

◎食料自給率の推移（農林水産省　2009年）

◎具体的な食べ物「天ぷらそば」で検証

　例えば，昔から日本人が好きな食べ物の一つである「天ぷらそば」の自給率を確認してみる。江戸時代には庶民の食べ物で，食材はすべて江戸近郊や

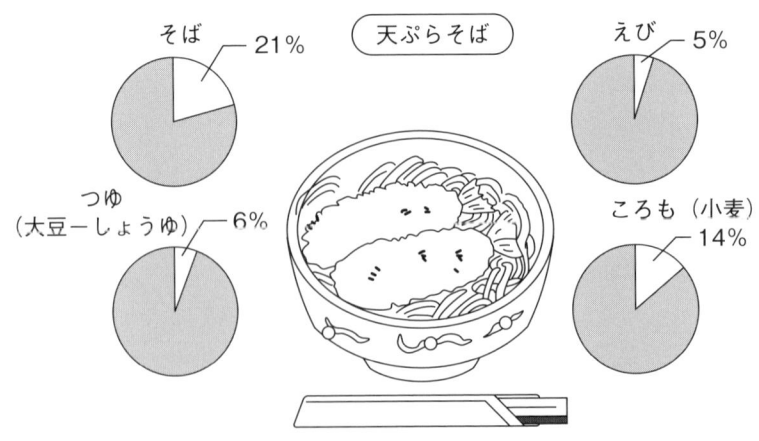

◎天ぷらそばにみる食料自給の割合（食料自給表　2010年ほか）

東京湾でとれたものであった。

　天ぷらそばの「天ぷら」は一般に「えび」である。現在は，えび好き日本人のために海外で養殖をして日本に輸出している。国内でも養殖しているが，天ぷらそばの「えび」はほとんどが輸入と考えてよいだろう。

　天ぷらの「ころも」に使われる「小麦」は加工用小麦なので，輸入品が圧倒的である。醤油の原料となる大豆は，ほぼ100％が輸入になっている。そばは国内の一部で栽培されているが，一般のそば屋や駅の立ち食いそば等は，ほとんどが輸入品である。

　子どもにとって，毎日食べている食料は国内で生産されたものだと思っていることが多い。ところが調べた結果，多くの食料を外国からの輸入に頼っている事実を知り意外性を感じることだろう。意外性を意識した学習展開は，子どもの学習活動意欲を高揚させ，学習への盛り上がりが期待できる。

4　感動が生まれる教育活動

　教師が学習展開を進める上で，子どもに矛盾意識を持たせたり，意外性を持たせたりすることは，学習の論理的な面から学習意欲の高揚に結び付くことを理解してきた。また，意識の逆転には，論理性だけでなく心情的に学習意欲の高まりを持たせることも必要である。学習活動を展開するに当たって，子どもの心情に訴え，「感動」を与えることも学習意欲の高揚に結び付く。

　感動場面は，授業の中だけとは限らない。何げない教師の話やとっさの行動，学級の友だちとのできごと，道徳の時間のように読み物から感動を呼び起こすもの等，感動場面は多様である。

(1) 何年たっても忘れない教師の活動

　小学校や中学校を卒業して何年たっても，その頃の学校での勉強，遊びとさまざまな場面で強く印象に残っていることがあるものである。

　その中で，同窓会等でよく話題になるのは，叱られた記憶であるという。「〇〇先生にはよく怒鳴られた」「『ゲンコツ』をもらった」等である。

むろん体罰は許されるものではなく昔も禁止事項ではあったが，ゲンコツの話はよく耳にする。ただ，ゲンコツだけが学校の『思い出』の大部分を占めるのは，教師にとって切ないことである。できれば，「楽しい学習」や「教師の威厳」，行為，勇気等が忘れられない思い出となってほしい。

(2) 教師の威厳

さすが先生という事例として，以下のような中学校の地理における学習がある。

教師「我が国の食料の自給率が低いことは学習したが，自給率の高い食料もあるのではないか。」

生徒「輸入の割合が高いのは，農産物では穀類だ。最近では海産物も高くなっている。でも，比較的に国内で間に合っている食料は野菜です。」

教師「野菜にも，葉を食べる葉菜類，茎や実を食べる果菜類，根を食べる根菜類がありますが，自給率が高いのは何だろうか。」

生徒「根菜類は収穫しても長持ちするから，外国から安い物が輸入されるのでは……」

生徒「流通が発達していても葉菜類は長持ちしないから国内産だと思う。」

教師「なかなか，鋭いね。ところで，根菜類では，例えば，どんな野菜が多いのだろうか。」

生徒「多分。玉葱やにんじんだと思う。この間，ニンニクを買いに行ったら，日本産は外国産の５倍も高かった。にんじんだって外国から安い物が入っていると思う。」

生徒「外国から，野菜まで輸入して，日本は大丈夫かな……。」

教師「すばらしいね。日本の農家も輸入を心配して国産に努力しています。にんじんの生産は北海道，千葉県，徳島県等が多いね。」

生徒「にんじんは長持ちするから，北海道で作るのは分かるが，首都近郊の千葉県で何故作るのかな。もっと商品価値の高い野菜があるんじゃないか……」

教師「着眼点がいいね。実はにんじんには，東洋系の長いにんじんと西洋系の短いにんじんがある。長いにんじんは栽培が大変なので短いものになっている。大量に生産している北海道では夏から秋にかけて収穫するのだ。残念だが，どうしても春に新鮮なにんじんが収穫できない。そこで栽培の難しい春先のにんじんを千葉県や，大阪に近い徳島県では栽培しているようだ。玉葱も同じことが言える」

生徒「さすが，先生。にんじんは年間を通して日本のどこかで栽培する工夫がされているのが分かった。玉葱も同じなのだ。」

食料自給率は，小学校でも取り上げられている。外国からの輸入品には，価格や品質で国産品が対抗しようとしているのは知っているが，栽培季節の工夫までは気がつかなかった。教師が年間を通して国内のどこかで栽培する「産地化」の説明に納得し，教師の洞察力に感動し，威厳を感じた例である。

(3) 子どもが卒業しても忘れない教師の行為

保護者が共稼ぎのため，家の鍵を持って通学してくる子どもがいる。その鍵はとても大切なものである。

ある日，職員室へ女の子が泣いて入ってきた。担任の若い男の先生がその子を見つけ「どうした？」と，声をかけた。担任の声を聞いた女の子は，気持ちがゆるんだのか，安心したのか，しばらくして泣き止んだ。女の子の気持ちが落ち着いたところで，担任は泣いていた理由を聞いた。女の子はトイレに家の鍵を落としてしまったと言う。担任はトイレに駆け付けた。何も知らない他の子どもは，普段から「廊下は静かに，ゆっくり歩きましょう」と言っている先生が廊下を駆けたことに驚いた。

担任は急いで女子トイレに入り，水が流されていないことを願って便器をのぞいた。トイレの後方に深くなっている水たまりがあり，その深い所に大便が溶け出していた。かき混ぜてみると鍵は底の方にあった。何人かの学級の女の子が心配そうにそばで見ていた。

担任は躊躇なく，大便を手でかき分け鍵を拾い上げた。鍵は水で良く洗っ

てから保健室に持って行って清潔にしてもらった。担任の両腕も徹底的に洗った。担任が手を洗っている時，そばにいた数人の女の子は担任の腕を洗うのを手伝い始めた。

　担任は数人の女の子に「鍵をトイレに落としたこと，先生が拾ったことを秘密にして」とお願いした。誰も秘密を話す子はいなかった。

　後に同窓会が開かれ，担任も出席した。楽しい同窓会は当時の教室で行われ，やがて「トイレに鍵を落とした」事が話題となった。初めて聞いた子どもには驚きがあったようだ。担任が鍵を拾い，保健室で清潔にする様子を見ていた数人の女の子は，当時のことを感動を持って話した。鍵を落とした女の子は誰だか分からなかった。

(4) 服装・言動で判断した失敗の戒め

　学習指導の効果はその場だけでなく，学習が終了して数日後，あるいは数カ月，1年後，数年後に表れることもある。

　ある学校は，全国の先端を行く「省エネ学習」推進校であり，やがてその活動は子どもから保護者，地域の方々にも広がりを見せるようになった。

　省エネ活動が始まって3年目の10月頃のことである。この学校の教頭先生が出勤途上の校長先生に携帯電話をかけた。

「校長先生，いま何処にいますか。実は，校長先生もよく知っている『Aさん』が校長室前の廊下を行ったり来たりしています。ときどき，立ち止まって校長室の中をのぞいています。私と教務主任が玄関にいますので，何分後に学校に到着するか教えてください。」

とのことであった。

　Aさんは遅刻の常習者，ときどき髪を紫色に染めることもある。悪さをすることはないが，よく友だちとけんかをする6年生の男子である。

　校長先生は学校の始業5分前に玄関に到着した。すると，彼は廊下を駆けてきて，いきなり校長先生に

　　「おせえんだよ。校長のくせによ。」

と大きな声で話しかけた。教頭先生と教務の先生が校長先生の前に立って防御の姿勢を取り，他の先生は担任を呼びに行った。

「校長は学校に来るのが，おせえんだよ。せっかく早くきたのによ。」と，遅刻常習の彼は校長先生を叱った。

彼はけっして不良ではないが，反社会的な行動をとるような様子を示し，服装や言葉遣いが誤解を招きやすい。

彼の家族は４人だ。父親は彼が寝ているうちに出勤して，夜は酔っぱらって帰ることが多い。母親は町会のママさんバレーの選手で，毎日のように出かける。兄は中学生で部活動が忙しく，彼は日中一人でいることが多い。

珍しく家族４人が揃ったある時，母親が，

「今月の電気代が去年より2000円以上安くなってるわ。みなさん，省エネに協力してありがとう」

というと，彼は「その安くなったお金はどうするの。」と母親に尋ねた。母親は「本当に助かるわ，家計の足しにするわ。」と答えた。すると，Aさんは「家族みんなで協力したお金なのにお母さんだけが家計に使うのは，おかしい。みんなで使いたい。」と言い，父親も賛成してくれた。

Aさんの家では「家族会議」が開かれ，2000円の使い道を話し合った。結局，魚釣りの得意な父親と一緒に日曜日に海釣り公園に出かけることになり，2000円でお弁当のおにぎりに入れるタラコと鮭，焼き海苔，それと４人分の釣りの仕掛け，釣り餌を買った。

日曜日は風もなく，暖かで釣り日和だった。一日中家族４人で釣りを楽しみ，父が釣り上手であることが分かった一日でもあった。そして，母親の優しさと自分を可愛がってくれていることを知った。兄も釣りの手伝いをしてくれた。楽しかった一日は，早く過ぎ，釣った魚を夕食に出した。

こんな日曜日の楽しかったできごとを校長先生に話したくて，早朝より登校していたのである。だが，日頃の学校生活の態度が全校的に知られているので，教頭先生によって止められてしまった。

Aさんは校長室で校長先生とゆっくり話した。
「『省エネ』をやって，良かった。1年経って去年と比べて頑張ったことが分かった。家族で楽しい一日が送れたのが最高。」
と，話して教室に戻った。
　10数年がたち，Aさんは結婚して子どもができた。今でも省エネを続けているという。家族の団らんを大切にしていると話している。

5　学級環境整備の工夫

(1) 教室環境の確認

　学級は子どもにとって学校生活の大部分を過ごす場所である。学級の床がいつも清潔なら，ゴミを落とすこともない。学級の荷物の整理整頓が悪ければ，教室の汚れも気にならなくなるし，持ち物の紛失騒ぎも発生する。
　学級環境の整備は教師にとって大切な仕事の一つである。

◎**物的環境の整備**

　次の図は教室を天井から見たものである。左手が指導用の大黒板，右手は

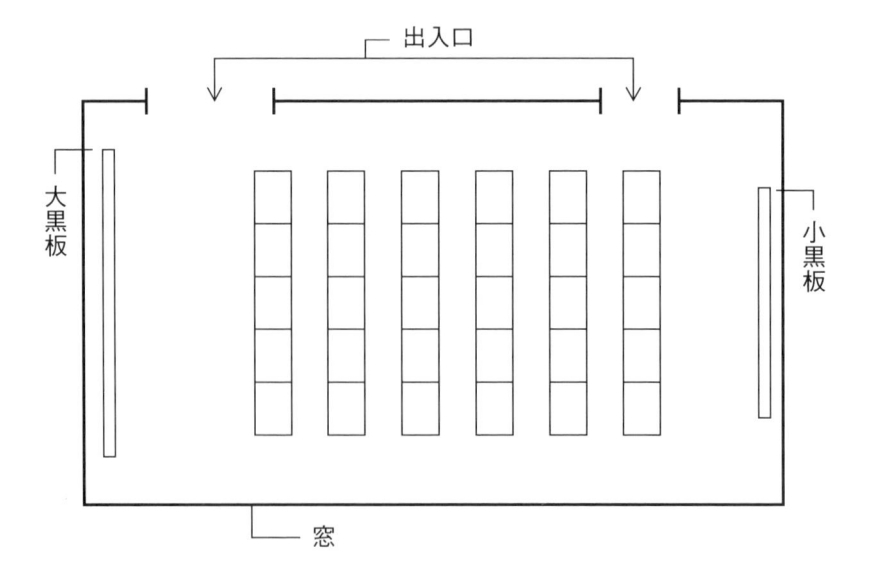

子どもの活動で使用する小黒板と周囲は掲示板である。
　上の方は廊下で，出入り口が二ケ所ある。
◎この教室に必要なものは
　・窓のカーテン—部屋の照度を調整する。
　・子供用ロッカ—備え付けの学校もあるが担任の創意工夫が必要である。
　・掃除用具入れロッカ—教室内に置くか，置くとするならば場所を考える。
　・給食配膳台—子どもが活動しやすい場所はどこか，教師が直接指導したり，直接配膳したりできるようにする。
　・教師用平机—机の必要性は何か，職員室の机との使用の仕方の違いに配慮したい。
　・教壇—教師より，子どものためである。
　・教卓—学習指導をする教師の位置，巡視する拠点としての位置。
　・子ども用机－子どもの人数より多いと便利，転入生対応等。
◎学級の人間関係の良好さを維持
　学級では，子どもどうしの人間関係が大切である。教室を工夫して，子どもの心を癒す工夫をしたい。
　・教室には年間を通して，季節感を出しておきたい。
　　例—季節の花　生花で，背面黒板に文字で，絵で，掲示板や広報紙にも。
　・教室は常に清潔を保っておきたい。
　　例—掃除用具は見えないような配慮を，ゴミ箱の数と位置。
　・教室には学習や活動がしやすい雰囲気を作りたい。
　　例—カーテンは日差し調整よりも室内の照度調整に。
　　　　天井の照明器具よりカーテンの活用が学級の雰囲気を高める。
　・子どもの机の配置に配慮したい。
　　例—学習活動の展開に対応して，時には，グループ（4人が理想）。
　　　　話し合いではコの字に，ただし，教師主導の学習には留意を。

(2) 感動が生まれる学級経営

　教室の環境に配慮することで，子どもの心を和ませる効果がある。

　ある中学校のBさんは，数学が苦手で，次第に数学の時間に居眠りを始めるようになった。そばにいるCさんが先生の目を気にしながら注意するものの，やがて，Bさんの居眠りは先生の知るところとなった。

　放課後，Cさんが先生に「Bさんの学習態度について」相談した。相談の結果，数学ができないのはBさんだけでなく，他にも多くいたことが分かった。

　Cさんの提案で，「先生に前回までに学習した数学の問題」を朝自習でやることにした。最初は，できない生徒から「無駄なことはするな」「どうせ先公の教え方が悪いからだ」等の先生の悪口が出た。

　そのうち「お互いに教え合えば……。」と，教室の机が学習時間に移動を始めるようになった。やがて，「オマエに教わるとわかる」と，好きな女の子の机に近寄る男の子も現れた。Cさんは，相変わらず，朝とり組む問題を職員室に取りにくる。

　ある日教頭先生から「最近，Cさんのクラス賑やかだね。」と声をかけられた。Cさんは「多少賑やかかも知れませんが。朝自習のやり方は学校のトップです」と胸を張って答えた。

　それからしばらく経って，校長先生と教頭先生が朝自習の様子を見学に来た。男の子が大きな声で分からないことを女の子に聞き，反対に女の子が男の子に聞いている様子も見られた。教室のうるささは単なる遊びではなく，生徒が真剣に数学の問題を解いている時，思わず出る声だと分かった。

　朝自習が終わり，担任が教室に入ると，「賑やかな教室は」瞬時に静かな教室に一変する。

　「教室のルールは，腕力の強いものがリーダーになるのではない」

　「数学だけができるものがリーダーになるのでもない」

　「学級には色々な資質を持つ子どもがおり，その特技を生かした学級自治

活動」が実現したのである。

いくら騒いでもよい。しかし，静かにする時，先生の話を聞く時は真剣に聞く。そのような学級活動が，「数学ができないので，できる子どものそばに行って学ぶ」ことから，学級自治活動へと発展した。

まさに感動が生まれた学級経営・学級自治活動であった。

6　特別支援学級の学習指導・学級経営

特別支援学級は，学校として取り組まれているものである。特別支援を求めている児童生徒に対して，学校の教師は正しい理解と認識を深め，校内の協力体制を密にしなければならない。

(1) 特別支援学級の教育課程

特別支援学級は，通常の学級における教育では十分に効果をあげることが困難な児童生徒のために編成された学級である。「小・中学校の学習指導要領」と「特別支援学校小学部・中学部学習指導要領」をそれぞれ取り入れて児童生徒の実態に応じた特別の教育課程を編成するのが一般的である。

(2) 個別の指導計画の作成

特別支援学級の担任は，一人一人の児童生徒の的確な実態把握に基づき，その教育的ニーズに応じた指導の目標，内容や方法等を工夫し，継続的，発展的な指導を一貫して行うための個別の指導計画を作成している。具体的には，各教科，領域等のそれぞれの指導目標，指導内容等を書き込んだ年間指導計画をもとにしている。

(3) 学習指導

児童生徒の将来の姿を見通して，学級全体の目標と共に児童生徒一人一人の個別の目標を設定する。主な指導内容・方法をあげると次のようになる。
①「教科別の指導」は，国語，算数・数学に関する指導が多い。扱われる教科は，単に下学年の内容を時間かけて順に指導していくのではなく，生活に必要な知識や理解を指導内容として精選・編成し，生活を広げ，生活の質を

高める教科の指導が求められている。
②「各教科等を合わせた指導」では，特別支援学校（知的障害）教育課程を参考に，「日常生活の指導」「遊びの指導」「生活単元学習」「作業学習」等，総合的に学習するものであり，生活する力を高めることを意図している。
（ア）日常生活の指導
　着替え，排泄，食事等基本的な生活習慣を身につけるとともに，挨拶，言葉づかい等集団生活をするために必要な基礎的な能力と態度等を養う。一日の生活の流れに沿って，実際的な状況の中で指導をする。
（イ）遊びの指導
　遊びを学習活動として構成し，身体活動を活発にし，仲間とのかかわりを促し，情緒面の安定を図り意欲的な学習活動を育てていく。遊ぶこと自体を目的とし，遊ぶ喜びを感じ，自ら遊びを発展させていくよう教師が支援する。
（ウ）生活単元学習
　児童生徒の生活を大切にし，それらを単元化し，各教科等を合わせた指導の形態で学習活動を展開する。運動会や学芸会，収穫祭，誕生会，遠足等，身近な題材を取り上げ，生活上の課題を解決していくことを通して，生活に必要な知識や技能，態度を身につけ，生活力を高めていく。
（エ）作業学習
　木工，ねんど，紙づくり等，作業による学習活動を行い，児童生徒の働く意欲を培い，将来の職業生活や社会自立を目指している。

(4)　特別支援が必要な児童生徒への指導
①知的発達の遅れのある児童生徒への指導
　知的発達の遅れとは，言語，記憶，推理，判断等の知的機能の発達に全般的に遅れがみられ，社会生活等への適応が困難な状態を指している。
　学習によって得た知識や技能が断片的になりやすく，実際的な生活経験が不足しがちであるので，実際的・具体的な指導が望まれる。特に，
・体力づくりや基本的生活習慣の確立。

・日常生活に必要な言語や数量，生活技能等の習得。
・社会生活や職業生活に必要な知識や技能を指導する。
等が大切である。

②情緒障害の児童生徒への指導

　情緒障害とは，情緒の表現が激しく，表れる状態を自分の意思でコントロールできないことが継続し，学校生活や社会生活に支障となる状態である。

（ア）不登校の児童生徒の場合

　不登校はさまざまな要因が考えられるが，情緒障害教育の対象の不登校は心理的，情緒的理由により，登校できない状態が多い。

（イ）選択性かん黙のある児童生徒の場合

　心理的要因により学校等で声が出せず，学習や生活に支障がある状態にある。社会性や知的の発達に未熟さや偏りがある場合もある。

（ウ）自閉的傾向のある児童生徒の場合

　人への反応やかかわりの乏しさ，言葉の発達の遅れ，水や紐等，特定のものにこだわる等社会的関係に困難さが見られる状態である。

　この中で自閉症の状態は見られるが，知的発達や言葉の発達に遅れを伴わない場合は，アスペルガー症候群と呼ばれる。

　生活習慣やコミュニケーションの力をつけるため，言語の理解と使用や場に応じた適切な行動ができるよう個に応じた学習を行う。例えば，
・抽象的・応用的な内容は不得意，暗記することは得意なので，それを効果的に取り入れる指導が一般的に行われている。
・集団ゲームへの参加が苦手。身体動作のアンバランスが見られる。また，音の大きさに配慮する。音楽の時間等耳栓が必要な場合がある。
・図工・美術では何を製作するのか具体的に提示するとスムーズに取りかかれる。想像画が不得意な場合が多い。
・パターン的な学習が得意。途中で学習方法を変更しないことが大切である。目標・目安をはっきりさせる。本人との間でルールを決めることも大切。

③肢体不自由の児童生徒への指導

　肢体不自由とは，大脳の運動中枢や神経，あるいは筋肉，骨，関節等の諸器官が損傷を受け，四肢あるいは体幹に運動機能の障害が生じ，補装具を使っても歩行や筆記等，日常生活に必要な基本的動作が不可能あるいは難しい状態の場合をいう。

④発達障害の児童生徒への指導

（ア）ＬＤ（学習障害）の児童生徒の場合

ＬＤ（学習障害）とは，基本的には全般的な知的発達に遅れはないが，聞く，話す，読む，書く，計算する，または推論する能力のうち特定のものの習得と使用に著しい困難を示すさまざまな状態を指している。学習障害は，その原因として，中枢神経系に何らかの機能障害があると推定されている。担任は，次により状態把握を行うことが求められる．

・日常の授業や学力，関係者等の聞き取り等から，読む，書く，聞く，話す能力や社会性に著しい遅れがないかを把握する。
・専門家によるＬＤの判断や対応に関する助言を受ける。
・保護者の協力を得て，児童生徒の状態をより良く理解する必要がある。

（イ）ＡＤＨＤ（注意欠陥多動性障害）の児童生徒の場合

　ＡＤＨＤとは，年齢あるいは発達に不釣合いな注意力，衝動性，多動性を特徴とする行動の障害で，社会的な活動や学業の機能に支障をきたすものをさしている。ＬＤ，ＡＤＨＤは，通常の学級に在籍し，その中で十分配慮をした上で，必要に応じて通級指導学級に通級する。

　指導上の留意点として，

・ＬＤ，ＡＤＨＤともに失敗や叱責を受ける経験が多く，自分の能力を発揮できずいろいろな面で意欲を失っている場合が多い。自力でやり遂げた経験を積み自信をつけることが求められる。
・ソーシャルスキルトレーニングで社会生活の基本的な技能やストレスへのよりよい対応の仕方を学習させる。等があげられる。

(5) 共に学ぶ教育活動

　特別支援を求めている児童生徒が通常学級の児童生徒と共に学ぶ機会を通して，お互いが知り合うことは地域で共に生活する上で大切な事である。
　特別支援学級と通常学級の児童生徒が，教科や学校行事等で具体的な実施方法を工夫し，日常の学校生活のさまざまな場面で，共に学ぶ教育活動を行うことが必要である。

第5章 専門職としての教育経営

1 学年経営・学級経営の在り方

　学級担任には学級を経営する，という重要な任務がある。経営とはある事業目的のために，さまざまな業務を遂行・管理していくことである。例えば，会社の経営となれば，従業員を雇い会社の利益獲得のために行うことになる。むろん，学校，学級で利潤追求をしているわけではないが，学校，学級としては，教育目標の実現に向けた行為全般を指すことになる。学級担任となれば，校長から分担委託された仕事が各種あり，保護者から信託を受けた子どもたちに対して保護者の期待に沿うよう努めることになる。

　中学校では，それなりに子どもが成長しているので，学級に自治能力が育っていてその活動も期待できるが，小学校では教師主体の学級経営に配慮する必要がある。その基本は「子ども理解」である。

(1) 子どもの本音を見抜ける教師

　担任は子どもの実態を「見抜ける」洞察力を身につけたい。

　朝は元気に登校し，1・2時間目は学習活動に意欲的に参加していた児童が，休み時間を過ぎて，3時間目の授業で挙手をしなくなったら，担任はその子どもに配慮する必要がある。休み時間に何かトラブルがあった可能性があり，授業中に声かけはしなくとも静観し，観察して，必要に応じて教師と二人だけで話を聞く場面を確保したい。

　例えば，次のような事例がある。なお，事例に挙げたAさん，Bさんの様子は，できるだけ具体的に記述をしている。その理由は，担任は受け持った子どもの，「心の中の価値・葛藤」を類推する力を身に付けてほしいと考

えたからである。事例にある,子どもの何気ない言葉や態度から子どもの心情を把握することができれば,学習指導はもちろん,良好な学級経営に結びつくと考えられる。

●事例

　ある小学校5年生の学級では,地域の産業学習として和紙を取り上げ,紙すきの様子を見学した後,自分たちも学校で体験することになった。

　和紙の原料は手に入らないので,牛乳パックを使うことにした。牛乳パックは防水加工をしているが,それをはがせば上質のパルプが手に入る。

　いよいよ,明日は「牛乳パックで葉書作り」体験をする。Aさんは牛乳パックのことが心配になった。Bさんは特に気にしていない。

◎Aさんの場合

　帰宅すると,すぐ母親に牛乳パックの必要なことを話した。母親は,
「あなたは牛乳が嫌いでしょう。お母さんが1年生の頃からすすめても,ついに5年生になっても牛乳を飲んでくれないね。」
と,牛乳パックは家にないので,それは無理だと言いました。Aさんは,
「必ず飲むから,牛乳1リットル入りを買ってきたい。」
と,再度母親に頼んだ。母親は,
「見え透いた嘘は言わないでね。5年間も飲まなかった子が,急に飲めるとは信じられない。」と,買ってはくれない。母親は,
「担任のC先生の指導は大丈夫？　牛乳パックを学校に持って行くような指示を出すのはおかしい。お母さんが抗議してあげる。」と言った。

　Aさんは担任との気まずい関係になるのを恐れて,
「お母さん,先生に電話するのはやめてよ。」
と話した。Aさんは母親に牛乳パックを頼むことを断念した。

　夕方,父親が帰宅した。Aさんは母親には分からないように,父親に牛乳パックがどうしても欲しいことを告げた。父親は,牛乳パックが必要なことは理解してくれた。しかし,母親が買わないと決めたのに,父親が買ってあ

げると，家庭内の人間関係が気まずくなると考えた。父親はＡさんに，
「近所の家や友だちの家に頼んだらどうか。」
と，助言した。Ａさんは，早速近所の知り合いの家を訪問したが，残念ながら牛乳パックは入手できなかった。友だちの家には恥ずかしくて訪問できなかった。結局，就寝の時間になっても牛乳パックは手に入らなかった。

　次の日の朝になった。もう一度，母親に頼んだ。父親も，
「買ってあげたら。」と応援してくれた。母親の気持ちは変わらなかった。

　Ａさんは昨日から今日の体験学習まで，「牛乳パック」のことを考え続けてきたが，担任には「忘れました。」と，うつむき加減で話した。

◎**Ｂさんの場合**

「帰りの会」で，明日学校に持参するものが確認された。Ｂさんは必要なことを連絡帳にメモした。Ｂさんはサッカークラブに入っているので，帰宅するとカバンを置いて，すぐに練習に出かけた。

　母親はＢさんがカバンを置きっぱなしで出かけたことに注意をしようと，カバンの中を点検した。連絡帳に「牛乳パック」を明日持参することが書かれているのを発見した。母親はカバンに牛乳パックを入れた。

　練習から帰ると夕食であった。動きまわったので体は疲れていた。お風呂から出ると，すぐに寝てしまった。母親に牛乳パックを持参することを話さなかった。

　翌日，置きっぱなしにしてあったカバンを背負って登校した。体験学習の時間になって，牛乳パックを母親に頼むのを忘れたことに気づいた。教科書を出そうとカバンを明けると隅の方に牛乳パックが入っていた。Ｂさんは安堵した。

　担任には，前日から今日の登校まで，ＡさんとＢさんの行動は分かっていない。

　体験学習の時間にＡさんの
「忘れました。」

の発言を聞いて，Aさんは忘れたのではない，持ってこれなかったのだと，Aさんの言葉と態度から見抜いた。

担任は学習だけでなく，休み時間の行動や給食の時間等で誰がどのような「好き嫌い」をするか等を把握しておくことが重要である。

担任はAさんの日頃の言動と牛乳嫌いを考えて，牛乳パックを持参しないのではないかと予想していた。担任は体験学習が始まる時，
「先生に牛乳パックをたくさんくれた人がいるんです。Aさん，心配しなくていいよ」と，気軽に話しかけたので，Aさんも安心して学習に参加できた。

また，Bさんには何も話しかけなかった。二人とも学習活動への意欲的な参加態度を示したという。

(2) 先を見通す学級経営

学級経営をする担任に求められる資質の一つに，「（子どもをみる）先見性，予見性」がある。学校で起きた事故は，マスコミで取り上げられることが多い。事故を未然に防ぐことができたり，保健室で解決できたりする程度であれば，それほど大きな問題とならないだろうが，特に学校の教育活動時間中に事故が起きると大きな問題となることがある。問題の解決が裁判に持ち込まれることもあるが，問題をこじらせないためにも学校，教師の対応「予見性」が問われる。

●事例：朝自習の時間に子どもがけんかをして怪我をした場合

朝，自習や自治活動の時間に事件や事故が発生することがある。状況やけがの度合いによって，学校の管理責任が問われる。

ほとんどの学校で，毎朝，職員室で打ち合わせが行われる。教員が職員室にいる時は教室には子どもだけとなり，その間の活動は，その学級の約束に従って行われている。この自習や自治活動が整然と習慣化されてできるようになるには，それなりの指導が必要である。

入学したばかりの1年生の担任は，子どもが登校してくる前から教室にいて，入ってくる子どもに教室での過ごし方を指導する。これはかなり長い期

間，継続指導するのが一般的である。

　やがて，教室に入ったら何をするのか，過ごし方はどうするのか等が身につくと，担任は朝自習をするように指導する。何曜日には何の学習をするか等，具体的な提示や指示をする。1年生の学級が複数ある場合，担任は交代で職員室で行われている職員打ち合わせに出る。打ち合わせに出ない担任は自分の学級だけでなく，隣の学級も巡視して安全の確保に努める。

　2年生は前年に1年間をかけて指導されてきたので，担任がいなくても朝自習ができるようになってくる。中学年や高学年では，「朝の会」等の学級自治活動が行われている筈である。

　学校では継続指導を通して，担任がいなくても学習活動や学級自治活動ができるようにしている。学校の日常生活を始める習慣化である。

　しかし学年が進んでも，子どもが自主的に活動できない場合がある。学級編成替えや学級担任の交代，転入生の影響等も考えられる。そのような場合は学年主任を中心に学年で対応を協議する。このことは教科指導の打ち合わせより優先されるのが普通である。場合によっては教務主任や教頭の指導をあおぎ，状況が深刻な場合は，講師や指導主事等外部の支援を求める。

　このような状況にある学級担任は職員室で行われる「職員打ち合わせ」には参加せず学級で指導に専念し，職員打ち合わせの内容は学年主任や同学年担任から聞くのが一般的である。

　「先見性」とは，例えば，学級の状況が不安定な時には，職員打ち合わせに参加しないで自分の学級を指導することである。それは，担任がいなければ事件，事故が発生することが予想されるからである。職員打ち合わせに参加しないと判断した場合は教頭や校長に事前に連絡をしておけばよい。

　始業前に当番の子どもが職員室を訪問し，担任と打ち合わせを行い，始業時間になると朝自習や自治活動が毎日整然と行われているような学級であれば，また，学級の雰囲気も和やかな学級であれば，事故の発生を前もって予見するのは難しいだろう。

一方，学級が不安定で担任が常時，学級にいる必要があると考えられるのに，職員の打ち合わせのために教室にいなかった場合がある。その学級では目を離すと事件・事故の発生が予見できるのに，学校生活で最も優先される子どもの安全が確保されていなかった。このような場合は，管理責任が厳しく問われる。

(3) 学年主任，同学年の担任との連携

　学年主任は，日頃から教科指導や子どもの様子の見方等のポイントを教わる先輩，指導者である。初任者として赴任したり，転任したりした場合，最も頼りにするのが学年主任である。

　また，同学年の担任には，学校への着任が先輩ならば，学校内のことや子どもの様子を教えてもらう等，学年としての連携を結ぶ努力をしたい。同時に着任した同僚には，ともに地域を理解しあったり，校務分掌への対処方法を相談したりする等，気軽に話せる仲間となりたい。

　いずれにしても，教えを待つのではなく，分からないこと，疑問に感じたことは自分から聞こうとする態度が重要である。

●事例：台風接近で緊急下校指導

　台風シーズンのこと，子どもが登校してくる朝のうちは台風が接近する予報は出ていなかった。昼頃，台風接近の情報が入り，校長や教頭が学年主任を招集して相談した。「情報を確認し様子を見て，給食を食べさせてから，一斉下校にする」「給食はもったいないが子どもの安全には替えられない。すぐに一斉下校をさせる」の，どちらにするかであった。教頭は近隣の学校の様子を電話で問い合わせ，校長は教育委員会と連絡を取り合った。

　このような緊急事態になればその判断は管理職に任せ，学級の子どもに正確な情報を知らせる事が大切である。また，通学路の増水危険箇所や道路の不通危険箇所等を子ども一人一人と確認する必要がある。

　このような場合，学年主任を中心に担任している子どもの集団下校は迅速に整然と行われなければならない。その際には，下校誘導分担を確認し，学

区内の危険個所をすぐに思い描けるように，日頃から留意しておきたい。

　担任が子どもの下校指導に当たって，最も重要な配慮事項は「子どもの安全・安心」を維持し続けることである。保護者にとっても，子どもが最も安全なはずの学校で怪我をして下校した場合，学校の対応いかんによっては不信感をいだきかねない。保護者への対応にも留意したい。

　緊急事態は，いついかなるときでも起こる可能性がある。どのような場合も子どもの安全を最優先にして対応するために，学年主任，担任同士で日頃から学習指導や生活指導について連携を図っておくことが大切である。

(4) 学年会への参加

　学校では，同学年が複数学級ある場合は「学年会」を，単数学級の場合は複数学年が集まって「学年合同会」が開かれる。

　学年会は，学年主任を中心にして開催され，主な議題となるのは次週の教育活動計画の確認である。

　年度当初に校長から，その年の学校経営重点施策が示される。その学校経営方針に従った，年間学習指導計画を作成することになるが，一般的には前年度までのものにその年の重点施策を加味して手直しされる。その年間学習指導計画に沿って，毎週の具体的な学習指導計画を学年間で協力して作成し，共通理解を得るのが「学年会」である。

　一般に学校では，週末が近づくと次週の学習指導案作成だけでなく，学校行事へ学年としての対応，遠足や社会見学等の学年行事の具体化作業，校内研究の学年分担と研究への参画等を協議する学年会が開催される。校内研究への検討では，授業者への学級経営状況の把握や修正，支援，学習指導案の協議等，自らが授業を提案するつもりで学年会に臨むことが望まれる。

　なお，かつては，担任が作成した指導案の検討まで学年会で行うことはあまりなかったようである。現在の授業研究は担任が原案を作成し，その原案を学年会で精査し，授業公開後の研究会では，質問や意見は「学年」として受け応える方法が多くなっている。学級経営，学年経営の高揚の為にも，こ

の方法が歓迎されている。

　学年会の大きな課題の一つは、児童指導、生徒指導である。

　子どもは学習や生活に、さまざまな「欲求」を持っている。その欲求が受け入れられると「満足」し学級や学校に順応する。欲求が受け入れられない不満に対する忍耐を、身に付けさせるのも指導の一つである。ただ、忍耐には個人差もあり、受け入れられないと感じた時、学級や担任、家庭から逃避する自閉傾向を示す者（不登校傾向も含む）と、学級や学校、家庭で反社会的な行動、暴力に訴える者がいる。このような子どもへの対応は、担任一人だけでは対応できない。少なくとも、同学年の担任が一丸となって対応する必要がある。状況によっては早急に教務主任や教頭に報告し、学校としての対応を整えなければならない。

　毎週学年会を開催するのは、子どもの変容を素早く見つける情報交換の場であり、子どもの欲求不満行動を未然に防止することが求められているからである。

2　校務分掌・校外活動，保護者との対応の在り方

　校務分掌は学校経営を円滑に実施するために校長から職務を委ねられた分掌である。校外活動は、例えば、社会科や理科の学習指導を延長した場合、校外での学習が安全にできるよう対応することが大切である。最近、中学校では、進路指導教育の一環として、子どもが学区や近隣の町で職業に従事する体験をしたり、学区の清掃活動を継続的にしたり、敬老施設の慰安訪問等が行われるようになった。キャリア教育がさかんになってきた現れである。

　保護者との対応では、子どもを中心に学習や生活、友だちとの人間関係等、子どもの健全育成を伸長する活動が示される。都市によっては「地域教育会議」が開催されている所もある。

　いずれも、学校経営上の大切な配慮事項である。

(1) 校務分掌の処理

　学校教育法により，各地域の教育委員会には「学校の管理運営規則」ができている。この規則には校長の権限と職務が具体的に細かく示されている。その中に，校長の職員に対する委任事項が定められている。その一つが校務分掌である。

　校務分掌の具体的な構成については，後にも詳述するが，一般に校務分掌は「事務部」と「指導部」に大きく分かれている。事務部の全体統括は教頭が当たる。指導部ではいくつかの部門に分かれるが，その部門は「主幹教諭」（総括教諭）が束ねている。主幹教諭が数人いる学校では，教科指導担当，児童生徒担当，学校行事担当，校外指導担当等に分けて分掌を処理している。

　ここで，大切なことは，分掌を処理することは，学校経営の一翼を担っている意識を持つことである。

　学校の校長や教頭，主幹教諭だけが学校経営をしているのでなく，学校に勤務する全ての教職員は学校経営者なのである。校長や教頭は管理者でもある。管理者が経営者であると同時に，管理者でなくとも経営者である認識を持つことが重要である。

(2) 上司，管理職の指示・許可のもとで

　学年や学級の教育活動にも，校務分掌が深く関係している。例えば，他校から転入してきた子どもを自分の学級で引き受ける，外国の学校で学習していたが保護者の仕事の関係で帰国した子どもを受け入れる等，転入する前の学校との連絡は，場合によって情報の入手が必要になる。このような事務は学級担任の判断で行うのでなく，校務分掌の「学籍」担当と連絡を密にして処理するものである。

　また，子どもが転入してきた場合，色々な事情で転入の事実を外部に話してはならない場合がある。教員としての「公務員の職務上知り得た秘密の遵守」に従うのは当然であるが。このような場合は，上司や管理職からの指示がある。その指示に従い転入事務を処理するだけでなく，転入している事実

についても上司からの指示があれば秘密にする場合もある。

●事例：上司の命令で転入の事実を秘密にする場合

　Ａさんの父母はけんかが絶えず，父親の暴力に耐えられず父親に内緒で母親がＡさんを連れて転校してきた。父親は母親と子どもが逃亡したので，あらゆる手段を行使して家族を捜そうとする。学校にも転入したかどうかを問い合わせてくる。時には，校門でＡさんの下校を見張っている場合もある。

　このような場合，母親と子どもは児童相談所で相談した結果，本校に転入してきたいきさつがあるので，転入の事実を父親に知らせてはいけない。

(3) 校外学習の引率と付添

　学習指導は学級教室や校内の特別教室だけが学習の場ではない。校外での学習は子どもの理解が深まり，学習への関心や意欲が喚起されることがある。

　学校内は，子どもにとって最も安全が確保されている場所なので，一人の担任が40人の子どもを指導する事が認められている。校外では学校内と同様の安全が確保されていない場所がほとんどである。近所の公園に出かける時でも，往復の間の交通事故，公園内の隠れた危険箇所等，学校から離れた場所にいるので，地震や台風，洪水等の自然災害に見舞われた時の安全確保が不十分である。学校とは異なり，安全が確保されていない。

　そこで，教育委員会の定めた「学校の管理運営規則」に照らし，校外学習をする場合は学級単独は極力控えるか，校内の教職員をもう一人の引率に付けてもらう等の配慮が必要である。

　また，校外学習を実施する前には，前週の学年会で学年主任には連絡済みになっていても，管理職である教頭には許可をとる必要がある。

(4) 遠足・社会見学の引率と付添

　学級単独の「校外学習」とは異なり，学年全体が校外に出かける場合，交通機関を利用する場合は，学年主任を中心に学年会で「遠足・社会見学」について充分に協議をすることが大切である。学年担任の同意が得られた場合，学年主任に代わって「遠足・社会見学」の実施と運営を任せられることもあ

る。

　遠足・社会見学の実施に当たっては，教育委員会に実施届けを提出する必要がある。都市によって学校管理運営規則で決められている。一般的には，実施日の20日から1ケ月前に提出する。なお，教育委員会に提出する公文書には校長の「職印」が必要であり，提出前に管理職に指導助言をもらうのが普通である。

　この場合も校務分掌を処理していることになるので，処理に当たっては上司や同僚からの指示を待つのでなく，自分から処理を行い，分からないことは自分で判断するのでなく，些細なことでも不安を感じたら同僚・先輩に意図的に聞く態度を身に付けたい。

(5) 保護者との対応

　保護者との対応は一般には，担任から保護者へ連絡する。学級通信であったり学校便りであったり，または保健室便り，学校給食便り等，各種の「便り」を通して学校や学級の様子を保護者に伝えることは大切である。

　反対に保護者から担任や学校に連絡が入ることもある。その多くは子どもや家族のプライバシーに関することが多い。子どもの体調不良や家族で旅行等に出かけるとか，このようなプライバシーに関するものである。このような例は，担任の判断で処理しても良いが，体調不良の場合は保健室の養護教諭に知らせる必要がある。

　保護者からは，担任の指導の在り方についてクレームがくる場合がある。また，学級の他の子どもの言動について注意を喚起して欲しいとの要望もくる。このような場合，担任の判断で処理しようとして，問題が大きくなる場合があるので，注意が必要である。

　担任の指導については，例えば学年会で話し合った方法で学習展開をしているなら，学年主任に「親からのクレーム」を見せて，保護者に授業参観を依頼したり，早い段階で学年主任を交えて保護者と話し合ったりすることである。

学習指導が担任個人の考えで展開した場合には，学年主任と教頭に，担任がどのような意図で学習指導を展開したのか，説明し，保護者への説明の前に，校内に担任の理解者を確保しておくことである。

　学級内の「他の子どもの言動が迷惑」である，といった保護者からのクレームについては，保護者が指摘した子どもについて，担任は意図的に該当の子どもを観察し，今まで，担任として気がつかなかった「うかつさ」があったら素直に，保護者に実態を伝え，保護者の理解を得ることである。

　また，担任として以前から該当児童の言動に気がついていた場合には，学級の子どもを通して保護者も心配していることに敏感に反応したい。その心配事が少しでも担任個人の力を超えそうだと感じたら，一人で解決しようとせずに，上司や先輩に相談すべきである。

　学級の授業を先輩や上司に見てもらい，担任の「いたらない」指導展開を指摘して貰うと同時に保護者にも，担任が校内で対応したことをプライバシーに十分配慮して連絡することである。何よりも担任の誠実な対応を保護者に理解してもらう努力をすることである。

◎保護者会への対応

　学校では，保護者との協力を通して子どもの健全育成を図っている。そのような観点から，多くの学校で，月に1度は保護者が学校にこれるよう配慮している。例えば，「授業参観」と「保護者懇談会」を隔月毎に開催し，運動会や学芸会等の全校行事にも積極的に参加してもらうようにしている。

　全校の行事では，分掌主任が中心となって対応するが，授業参観や懇談会は担任の配慮が大切になる。授業参観では，前もってどのような教科を学習指導するのか，保護者に知らせる配慮が欲しい。時には，保護者からアンケートをとって，どのような学習を参観したいのか，保護者の意向を調査するのも効果的である。

　学級懇談会の前に「今度の懇談会で話題にする事」を学級通信で知らせたり，懇談会の終了近くに，次回の懇談会テーマをみんなで考えたり等，担任

は懇談会で，保護者から意見が出やすくなるような工夫をする必要がある。

(6) 保護者からの個人的な相談

教育相談の基本は，「教師は保護者からの相談には誠実で丁寧な対応」を心がけることである。次のような相談事例は，どの学級担任も経験することである。

一つには家庭の問題がある。保護者の仕事の関係で転出することになり，その不安を相談することがある。転出手続きは学籍の担当者から事前によく状況を聞いておき，丁寧に説明してあげるようにする。転出に際しての親子の不安を少しでも取り除く配慮をすることである。

二つには，我が子の性格，行動についてである。我が子の性格や行動について保護者が不安に感じていることを担任も理解し，いっしょに解決する方策を考えていくことである。

三つには，子ども同士の人間関係がある。学級内で友だちができなくてさびしい思いをしている子，仲間外れになったり，いじめられたりしているような子，言動が強くて他の子どもから怖がられている子等さまざまである。

どの子どももすぐに改善することは難しいが，担任として誠意が保護者に伝わるような対応をすることが肝要である。

(7) 担任非難やクレーム処理

学級担任が保護者からクレームを受けるのには，次のような要因があげられる。

◎指導力不足を指摘される場合

「我が子だけが他の子どもと違う対応を受けている」――いつも元気よく挙手をしているのに，なかなか指名してくれない。机間巡視の間，我が子のノートは見てくれない等。

「我が子が担任の指導が分からないのは担任の力量がないから」――テストの答案を親子で見ていると，我が子が誤りとされた理由が分からない。テストに採点ミスがあった，我が子だけでなく全員のテストを見直してほしい等。

その他,「学級に落ち着きがなく,動き回っている子どもがいるのに注意しない」「そもそも学級経営ができないのではないか」等々。

◎**学級担任の指導を誤解する場合**

「我が子の言動から担任への不信感」

確かに,担任にもすべての子どもに目が届かなかったこともあるだろう。また,保護者が我が子だけに気を取られ,担任がその間他の子に広く接していたことに気づかない場合もある。

このような場合は,担任が自己主張をするよりも,再度授業参観に来てもらい,分け隔てなく同等に見ていることを学習指導を通して納得してもらう。

「我が子の作品や成績物の採点からの不信感」

もしその採点が明らかに誤りなら,失態であり,保護者に陳謝するのはもちろん,学年主任や管理職にも事実を報告しなければならない。

客観的に見て誤りが認められないのなら,保護者と時間をかけて話し合うことが大切である。保護者には,我が子の自尊心が傷つけられた,との思いがある。担任は,これまでどのような「ねらい」を持って指導してきたのか,何を思考し,何を理解し,何を判断してほしかったのか自らの指導方針を話し,保護者に理解してもらうよう話し合いを重ねる。この場合も,報告,記録が大切である。

「学級の乱れた様子に不信感」

その指摘が特定できるものではない場合があり,担任だけで保護者と面談したり,独断で改善策を講じたりしないことである。不信感を示す文書(連絡帳等)を学年主任や管理職に示し,指導を仰ぐようにする。

上司が同席のもと,保護者の不信感を聞く機会が設けられることがある。「言い訳」をしたくもなるが,謙虚な態度で,担任として保護者の不信感を取り除く指導法の開発や上司,先輩の適切な指導を受けとめるようにしたい。保護者の不信感を取り除くには,何度となく面談を繰り返すことになるが,「担任と保護者」だけの面談はできるだけ避けるようにし,学校側からもう

一人は同席するようにし，記録もきちんと残すことが大切である。保護者が納得いくように，授業公開等を増やすことも必要となる。

3　職員会議や校内研究等，学校の意思決定への参加

(1) 学校は組織

　学校が組織として機能するためには，「人間同士の関係が円滑であること」「学校を維持する財政的支援が充分であること」「学校の施設，備品，消耗品に不足がないこと」等が大切である。

　特に，組織としての学校は「学校が掲げている学校教育目標」に迫るために，組織の一人一人が「共通理解」をしている事が大切である。例えば，学校の授業参観では，指導している教科は違っていても学校生活のルール，学校の自治活動等に子どもが同じ方向を向いていることを分かってもらうことである。

　また，学校教育目標に向かって教員が互いに協力し，分担に責任を持ち「協働意欲」を発揮することが大切である。例えば，学芸会では各自の得意分野をいかして，舞台の背景を描いたり，演技指導をしたり，学級の枠を越えて行う協働体制が必要である。

　また，学校は全体の雰囲気づくりも大切である。教師にとって，教室の居心地は良くとも，職員室には居たくない等の雰囲気は解消する事が必要である。そのような楽しい雰囲気になるように，コミュニケーション・チャンネルの構築が大切である。

(2) 組織の目的

　学校は教育効果を有効にするために，組織運営に工夫や配慮をして，その組織としての目的を明確にしている。学校組織の目的は，子どもの教育活動が円滑に進むよう工夫されることである。組織を精査すると，次のような基本的事項が思い当たる。

◎子どもに直接教育指導をする組織

これらの組織の中核をなすのは学級担任であり，教科指導担任である。直接の指導者には各学校が教育理念として持っている，学校教育目標に子どもたちが迫れるように指導することが求められる。

　学校教育目標に子どもたちを迫らせるには，各担任が，自分の思いだけで学習指導をするのでなく，その目標について充分に理解していることが大切である。適宜各種の小集団組織を設け，目的に応じて協議を展開することである。

　なお，小学校では学級担任が子どもへの直接指導者であるが，例えば音楽や図画工作，家庭科，体育科等では専科的教諭が配置されている学校もある。また，算数科等では小集団学習が行われ，そのための教員もいる。学習の成果を上げるために，ボランティアや大学生のサポーターが派遣されている学校もある。

　これら，学級担任以外の教員等も直接子どもへの指導者となるので，共通の目標に向かって指導できるよう「目的に応じた組織化」が必要となる。

◎**教育指導を支える組織**

　教育活動には，各種の学習指導準備が必要であり，そのために教育課程が編成される。その編成過程で，教材や教具等の備品や消耗品の必要性が協議されるが，備品の中には校内では解決できないものもある。校長や教頭，事務職員，栄養士等が対外的な対応にあたる場合もある。

　教育課程を推進するには，教室だけではなく，理科室，図書室，音楽室，技術・家庭科室，体育館，校庭等が互いに重なり合わないよう，一方では，利用頻度が低くならないよう，全校的に教育課程の展開を協議する組織が必要である。

◎**学校という施設，設備の維持・管理をする組織**

　子どもの学習指導に，直接関係はしないが，子どもが学校で生活するには各種の施設や設備が必要である。それらの施設や設備が常時機能するよう維持させる組織も必要である。

例えば，学校には数多くの手洗い所，トイレがあり，調理室もあって大量の水が使われているが，それらの水が絶えないようにする組織があり，一方では，水も含めエネルギーの無駄がないか財政面からチェックする管理組織がある。

◎**教職員の転入・転出人事，各種報酬や手当を管理する組織**

学校の教職員の人数は年度当初の子どもの人数によって，定数が決められている。また，教員は同じ学校に勤務する年限が決められている都市もある。そこで，毎年のように教員の転入出が発生する。

教員が替わるということは，学級担任の多くが替わることであり，子どもにとって不安材料の一つである。そこで，校長は学校の実状を考慮し，経験年数，指導の技量，信頼度や信望等の諸条件を考慮し，学校から出て行く教員と，他から入ってくる教員とのバランスをとる。教員の転任人事が確定したら，校内の状況から誰が，どこの学級担任にするか検討する組織が必要となる。

このことについては，転任してきた教員の各種手当て，例えば通勤手当，住宅手当，調整手当等も変わるので学校事務職員も協議する組織の一員になる場合がある。

4　公文書の取り扱いと保存，対外対応

(1) 公文書とは

公文書は国や地方公共団体の機関や公務員が，その職務上作成する文書ののことで，公務員以外が作成する私文書とは区別されるものである。

公文書は一般には行政が市民へのサービスとして作成されるものもあるが，学校で作成される公文書の種類と保存期間は次のようになっている。

＊学校教育法施行規則で制定している公文書

　20年間保存

　　・指導要録　学籍に関する記録及びその写し

4　公文書の取り扱いと保存，対外対応

　　5年間保存
　　　・指導要録　指導に関する記録及びその写し
＊学校に関係する法令（学校の管理運営規則で制定している公文書）
　　・学則，日課表，教科用図書配当表，学校医執務記録簿，
　　　学校薬剤師執務記録簿，学校歯科医執務記録簿，学校日誌
　　・職員名簿，履歴書，出勤簿，担任学級，担当教科または科目時間表
　　・出席簿，健康診断に関する表簿
　　・入学の選抜及び成績考査に関する表簿
　　・資産原簿，収納簿及び経費の予算決算についての帳簿並びに図書，機
　　　械，器具，標本，模型等の教具の目録
　　・往復文書処理簿
＊学校の管理基準関係
　　永年保存
　　　・学校沿革誌
　　　・学校概覧
　　　・卒業証書授与台帳
　　5年間保存
　　　・重要公文書
　　　・職員出張命令簿
　　　・日直宿直日誌
　　2年間保存
　　　・統計法第2条に基づく指定統計の中で，文部省令をもって実施する統
　　　　計調査票及びその基礎資料
　　　・諸願届出書類，証明書交付台帳
＊都道府県の条例関係
　　永年保存
　　　・退職職員の履歴書

73

第 5 章　専門職としての教育経営

(2) 成績処理に関係する公文書
◎学習指導要録の処理

　子どもの学習成果を継続して記録するのは，子ども一人一人の将来を見通し可能性を図る大切な指導資料となる。

　学習指導要領の前回（2000年）の改訂の際，文科省は学習指導要録を見直し，作成の指針を示している。

　文科省は参考資料として学習指導要録の記載事項を示し，これを受けて，市町村教育委員会が学習指導要録を定める時，都道府県では手引き書を作成している。さらに各市町村教育委員会では各校種毎に手引き書を用意している。

　例えば小学校には「小学校児童指導要録記入の手引き」を送付している。以下は，川崎市教育委員会が前回の改訂の際，市内の学校に送付したものである。

　　指導要録の性格について，全体を見通した「性格」，二つの機能があるとして「指導機能としての性格」「証明機能としての性格」，「保存期間」が掲載されている。

　　学習指導要録とは，どのような性格のものであるか，小学校の場合は次のように述べている。

「指導要録は，学校教育法施行規則第12条の3第1項に，『校長は，その学校に在学する児童等の指導要録を作成しなければならない』と規定されており，指導要録が児童の学習と健康の状況を記録した書類の原本である。校長にその学校に在学する児童の指導要録の作成の責任があることが定められている。また，指導要録は，児童の学籍並びに指導の過程及び結果の要約を記録し，学校での指導の資料にするとともに，外部に対する証明等のための原簿としての性格を持つ」

　　指導要録には二つの機能があることを次のように述べている。

「指導機能としての性格
　・指導要録は，現在の担任や将来その児童を担任するであろう教師のた

めに，その児童の全体の人間像についての情報を資料として提供し，その児童についての理解と的確な指導に役立てるという性格を持つ
・この意味から，指導要録にはその児童の指導によりよく役立てるために，その児童の指導の過程および結果の要約を記録するようにしなければならない」
「証明機能としての性格
・指導要録は，児童一人一人が確かに学籍を有しているということを記録する原簿であるとともに，外部に対してその児童が学籍を有志，学習した状況を証明する原簿になるという性格を持つ」

学習指導要録の保存期間については，これまで各地で学習指導要録の公開が話題になった経緯から，次のように述べている。
「指導要録は，学校教育法施行規則第15条において，学校において備えていなければならない表簿の一つとされ，学籍に関する記録は20年，指導に関する記録は5年間保存しなければならない。なお，保存期間を経過したものについては，廃棄するなど，適切な措置を取ること。ただし，開示請求があったものについては，完結するまで保存する」
また，指導要録の作成について，次のような留意事項も述べられている。
・小学校及び中学校の特別支援学級の指導要録については，必要があれば盲学校，聾学校，養護学校の指導要録に準じて作成する。
・児童，生徒が進学した場合には，従来は指導要録の抄本または写しを送付することになっていたが，進学先での活用等を考慮して適切に配慮する。
等がある。

(3) 学習指導要録に記入する学籍関係の留意事項

指導要録の性格から，川崎市教育委員会の手引き書では，記入に関して細心の留意事項（注意事項）が述べられている。その主な事項を見てみる。
・全般的な注意事項では，「当用漢字，現代仮名遣い」「楷書，算用数字」

の使用等，また，「手書きとゴム印使用の有無」に留意すること。
・記入の位置についても，例えば校長や担任氏名は欄の上部に書き，年度の途中で人事交代があった場合の対応も考慮すること。
・変更事項の処理については，変更があった時に処理する。変更事項は一本線を引き，変更後の事項を記入する。また，（　）には，変更月日を記入する。誤記の場合も同様に処理する。
学籍に関する記録では，次のことを留意している。
・学籍の欄は学齢簿に基づき記入する。外国人の場合は母国語に近い発音に近づけて記入する。国籍についても記入する。
・「入学」「編入学」の記述については，入学では教育委員会が通知した日を記入する。原則として4月1日である。入学者の編入学欄は一本線で削除する。編入学についても同様にする。
・「編入学」については，例えば外国の学校から編入した場合，就学の猶予や免除の事由が消滅した場合等，その年月日，学年，事由等を記入することになっている。
・「転学」「退学」の記述については，児童の学籍が継続すること，二重学籍を防ぐ観点から，記入上の留意事項が記述されている。
　例えば，他の学校に転学する場合，上部の（　）には，学校を去った月日を記入する。この日を「学転日」と呼んでいる。次に転学先の学校から受入日の通知が来たら，受入日の前日を記入する。この日を「法転日」と呼んでいる。また，転学先の学校名と住所を記入する。
　例えば，外国の学校に移るので退学する場合，校長が退学を認めた日と事由を（　）の無い欄に年月日，事由を記入する。
・卒業の欄では，校長が卒業を認定した日を記入する。原則として3月31日である。
・進学先の欄では，小学校の場合は進学した中学校名を記入する。特別支援学校の中等部に進学する場合も同様に記入する。

(4) 学習指導要録に記入する指導に関する記録

　指導に関する指導要録は学籍に関する要録とは別の用紙・様式になっているのが普通である。

　指導に関する記録では、「各教科の学習の記録」「総合的な学習の時間の記録」「特別活動の記録」「行動の記録」「総合所見及び指導上参考となる諸事項」「出欠の記録」から様式が設定されている。

　「各教科の学習の記録」では、観点別学習状況と評定を記入することになっている。観点別学習状況については、学習指導要領に示されている目標に照らして、その実現状況を小学校では3段階で評定し、「A」「B」「C」の記号で記入することになっている。

　この場合、「A」は「十分満足できると判断されるもの」、「B」は「おおむね満足できると判断されたもの」、「C」は「努力を要すると判断されたもの」としている。

　各教科の観点については、教科毎に学習指導要領に基づいて設定するものである。また、必要に応じて、観点を追加することも考慮されている。

　「総合的な学習の時間の記録」では、各学校において学習活動を定め、学校や児童の実態に応じた特色ある活動が展開されているので、この主旨を踏まえて、学習の状況や成果について、文章で記録することになっている。

　なお、観点については、各学校が学習指導要領に示されている「総合的な学習の時間のねらい」に沿って設定することになる。教育委員会では、各学校が観点を設定する参考として、いくつかの観点を例示している。

　川崎市教育委員会では、例えば小学校の場合、

　「課題設定の能力」「問題解決の能力」「学び方、ものの考え方」「学習への主体的、創造的な態度」「自己の生き方」等をあげている。また、教科との関連で「学習活動への興味・関心・態度」「総合的な思考・判断」「学習活動にかかわる技能・表現」「知識を応用した総合力」や場合によっては、「コミュニケーション能力」「情報活用能力」も例示している。

「特別活動の記録」「行動の記録」「総合所見及び指導上参考となる諸事項」「出欠の記録」については，特に取り上げないが，必要に応じて近隣の学校へ問い合わせるとよい。

(5) 心身の成育に関係する公文書

◎身体検査票の処理

年度の当初に全校一斉に児童・生徒の成長の様子を測定する。また，内科校医による診断も行う。その結果は身体検査表に保存される。例えば，小学校を卒業した児童は中学校の生徒となるが，入学した中学校には，小学校時代の成長の過程が「身体検査票」として送られる。

◎歯牙検査表の処理

歯牙検査についても，身体測定を実施する期間に合わせて実施する場合が多い。小学校では，「乳歯」「永久歯」，永久歯の損傷程度（虫歯）が記録される。この公文書も中学に入学すると一緒に中学校に送られる。

(6) 学校施設・備品，管理に関する公文書

◎備品台帳

各地方自治体の教育委員会では，学校に配当した備品について，「規則」を定めている。学校の備品設置基準に照らして管理と活用が整然と実施されるよう「備品台帳」が作成されている。

備品の中には，教育委員会から配当されたされた物ではなく，地域の方が寄付した物もある。この場合，備品が破損した時，教育委員会の修繕費で修理することができないので，学校では教育委員会へ「寄付採納」の手続きをしておく必要がある。

◎図書台帳

学校図書館の蔵書は教育委員会が学校に配当した「学校運営費」で購入している場合が多い。1冊単価は消耗品であっても図書台帳に記載するのが一般的である。なお，高価な蔵書については備品として記載しておく場合が多い。他の備品と同様，寄付があった場合は台帳にその旨を記述するのは当然

だが，寄付してくれた人の「図書コーナー」を設置している学校もある。

5　専門職としての児童・生徒理解及び指導

(1) 我が学級，我が学校での児童・生徒の生活実態を把握

担任している学級で，子どもがどのような人間関係を作っているのか，また，どのような遊びに関心が高いのか，毎日変化する子どもの生活実態を掌握しておくことは，学級経営や教科指導を行う上で大切なことである。

◎文部科学省の「全国学力・学習状況調査」から

文科省では，平成19年度より子どもたちの学力状況を把握する調査を実施している。この調査では，生活環境や学習環境に関する質問事項もある。

生活習慣と学力との相関関係は，教師として，特に担任としてその傾向を把握しておきたい。学級経営上の大切な留意事項でもあり，その代表的なものを確認しておく。例えば携帯電話を持つ小学生の割合は全国平均と比べてどうか，メールの使用頻度はどうなっているか等。全国の状況と自分の学校，自分の学級の子どもの状況を把握する場合には，信頼できる数値として学級経営の基準にすることが考えられる。

(2) 学校に持ち込まれる教育課題

学校では，学習指導要領に示されている学習内容を地域や子どもの実態を勘案して，学習指導計画として立案し，実践をしている。学習指導計画の作成では学習時間がさらに必要と考える教師がかなりいる。

できることなら，ゆとりを持って子どもが楽しく学習できるよう学習指導計画を作成したいと考える。

一方，社会的な情勢に呼応して，学校現場での指導が要請されるものもある。大人の消費生活の見直し，改善が叫ばれると，学校で消費者教育を実践するよう依頼される事がある。同様に，環境教育，平和教育，ふりこめ詐欺防止教育等，さまざまな立場の方が学校で子どもに教育をして欲しいと依頼する傾向が増えている。

このような「教育課題」は，たとえ学習指導計画に予定されていなくても，緊急性のあるものや子どもの「安全・安心」を保障する上から必要なこともある。ただ，このような課題は，個々の担任が決めることではなく管理職，学校としての判断が求められる。

(3) 問題行動の背景

子どもはその発達段階において「欲しいこと・もの」を持っている。そのことをかなえるために「要求」という行動を起こす。要求が認められ，かなえられれば，子どもは至福の時を得る。

一方，かなえられない時，子どもは主に二つの方法をとって，その要求を満たそうと行動するものである。その一つは，「力」で自分の要求をかなえさせようとする行動をとることであり，それは乱暴な言動，ときには暴力的な行為に現れる。反社会的な行為もあげられる。もう一つは，自分の要求は誰に頼んでもかなえられないと思ったとき，自分の心に閉じこもる行為をする。自分のことを，自分の要求を誰も分かってくれないという思いは，やがて周囲の者への不信感につながり，中には「不登校」になる子どももいる。

子どもは自分の要求を通すために，わがままな行動をとる。それを「がまん」させたり，是正するように強い指導が行われたりしてきたが，昨今では自己主張を容認する傾向から，単なる「わがまま」と思える主張を助長するようにみえる場合もある。結果として，要求が通らないのは，「要求を出す自分に問題がある」とは考えず，「要求に応えない周囲に問題がある」と考える子どもが増えているようである。だから，周囲が困る行動に出るのは正当であると考えがちになる。

学級で起これば，やがて不登校や学級崩壊に発展するであろうし，家庭で起これば，家庭内暴力や自閉症を発症することも考えられる。

(4) 児童・生徒に規範意識の高揚を

子どもが学校という組織の中で学習や生活をする場合，組織を維持するためのルールが必要である。このことは，戦前から，学校設立以来の教育指導

上の「不易」である。

　文部科学省の調査によれば，「どちらかといえばそう思う」という回答も含めて，

　・「私語をしない」「話している人の方を向いて聞く」等，学習規律の維持を徹底している学校の割合　約97％

　・「適切にノートをとる」等，学習方法に関する指導をしている学校の割合　98％

　・学級全員で取り組んだり挑戦したりする課題やテーマを与えている学校の割合　約91％

　・学校や地域で挨拶をするよう指導をしている学校の割合　99％

となっている（平成22年度全国学力・学習状況調査　学校質問より）。

　多くの学校が子どもに規範意識を育て，ルールの徹底を図る指導が行われていることを示している。その中で，一部の学級，一部の子どもの規範意識が薄れると，学校全体が，組織の規範意識が次第に弱まっていくことに留意する必要がある。

(5) 加害者になる場合もあることに留意

　例えば，小学校低学年の児童は，学校では一番に弱い立場であり，さまざまなことで被害者になりやすいと考えられる。ある小学校で，国語の時間に「自分の学校の名前」を「ひらがな」で書く指導が行われた。

　二人の女の子は初めて「自分が通う学校の文字」を読めて書けるようになった。二人は，ひらがなが書ける喜びを味わいながら学童保育に向かった。その道すがら，校庭に学校名を石で書き合い，「よくできました」と○を付け合った。そんなことをしながら，移動していったようである。

　その日の夕方になって，中年の男性が学校に怒鳴り込んできた。駐車違反ではあったが，道路に駐車しておいた車に「ここの学校の名前」がいたずら書きされていたという。教頭は自動車にいたずら書きをした者が自分の学校の子どもであるかどうか分からないので，調べさせて欲しいと話した。

男性は，誰が書いたか分からなくても「お宅の学校名」が書いてあるから，犯人はこの学校の子どもに違いない弁償しろ，といきまいた。
　結果として，先ほどの二人の女の子が学童保育に行く途中，駐車していた自動車にも書いていたのであった。
　学校では，学童保育に行く途中のできごとであるので，総合障害保険で対応した。この場合は，弱い立場の子どもが加害者になった例である。
　その他にも，校庭掃除で校庭に転がっていた石を外に投げていたら，道路を走っている車に当たって大きな事故が発生したこともある。担任は日常の気配りと，子どもの立場になった配慮が大切であることを示している。

(6)「いじめ」「不登校」への対応
「いじめ」は，そのほとんどが相手の人権を無視した行為によるものである。一人の子どもが他の子どもといさかいを起こした，それは「けんか」かもしれないが，「いじめ」にあたる行為かもしれない。腕力でも動作でも，あるいは過去の行動から，明らかに相手が反抗しないことを予想できるのに暴力や相手の心を傷つける言動をした場合は人権に関わる「いじめ」である。
　一対一だけではない，複数の子どもが暴力をふるったり，嫌がる言動をするのも当然「いじめ」である。
　いじめている子どもは，「いじめ」等とは意識せず気軽に遊び半分にしている場合もある。しかし，いじめられている子どもは大変深刻である。いじめる子どもを絶えず気にして，避けようとしたり，避けられない場合は自分から接近し手下になったりする。何でも服従するようになり反社会的な行為を行う場合もある。
　そのような関係になった場合，いじめる子どもとの結びつきを断ち切りたいが，それができない苦しさがあり，それを家族にも友だちにも話さない。話せば，一時的に良くなるかもしれないが，いずれ仕返しがあるのではないかという恐れでよけい口をつぐんでしまう。
　自分で解決できないが，他の人にも相談できないのである。

学級で,「いじめ」を発見できるのは教師である。他の子どもが「いじめ」を発見しても,教師に話すことはないものと考えた方がよい。

「不登校」に陥った理由や原因を探ると,いくつかのタイプがある。例えば,学習が分からない,音楽で笛が吹けない,体育で逆上がりができない等,自分自身の技能に劣等感を持っている場合がある。

次に,学級や学年の友だち,人間関係が円滑でない場合がある。人間関係が悪くなってしまった理由は,自分の行為にその原因があることも考えられる。例えば,だれかを仲間はずれにしようと他の集団に働きかけたことによって,かえって自分が仲間はずれの対象になってしまうことがある。結果として「いじめ」の対象になりやすい。

また,家庭に問題がある場合がある。特に,保護者である両親の不仲な状況は不登校になる大きな要因となっている。子どもにとって,両親の不仲が原因で学校から帰ったら,どちらかの親がいなくなる恐怖心を持っていることがある。

その他には,担任に原因がある場合もある。担任は学級の子どもすべてに平等に接しているつもりでも,子どもは厳しく,些細なことまで教師を評価している。自分が他の子どもより不利な扱いを受けていると感じたら,体育は見学する,音楽では楽器を持ってこない,社会科では地図帳を持たない等,ある学習で特定の行動が見えるようになる。これは,自分に注目させる行為でもあり,それで疎外感を味わうと不登校へつながる。

子どもの行動や言動には敏感に反応する教師でありたい。

不登校はどんな理由であれ,なってしまった子どもの学習は遅れてしまう。遅れればますます学校には行きづらくなってしまう。

「いじめ」も「不登校」も学級の問題として,担任だけで解決しようとしてはいけない。実際には,担任の力で解決できることはほとんどないからである。学年主任や教頭,生徒指導担当等に実状を正確に話し,学校としての対応を共通理解する事が大切だからである。

6　学校組織の円滑さと機能向上を図る組織

　学校における「人」の存在を考えてみる。「人」とは，学習する子どもであり，指導する教員である。そこには子どもの保護者が入ることもある。ＰＴＡ活動がさかんな学校では保護者も学校教育の一翼を担い，地域の人々も協力する。「人」がいれば，その人が活動しやすく，学校教育目標に迫るという共通理解を図る組織が必要となる。学校組織の中で特に重要な組織が，「人」を介して機能するのである。

　また，学校組織で大切になっているのが「学校のマネージメント・マインド」である。例えば，教育課程を推進するために，学校施設の使用割り当てが確定したとする。この学校施設の使用割り当ては，年度当初の職員会で協議するが，自分の学級の「思わく」から，例えば，「体育の後に算数をするのは子どもに無理がある」「この曜日は特別教室に出かけることが多く子どもが落ち着かない」等，担任の都合を優先する意見が出て協議が紛糾する事がある。水泳指導においては，自分の指導する学年のことを考えプールの水の量を加減することになるが，1年生には半分に，6年生は満水に，と頻繁に入れ替えてしまっては，水道料金に無駄が出てしまう。

　このような例は他にも考えられる。担任は学級の子どものこと，その学習に必要なことに目が行きがちで，ともすればコスト意識が薄れてしまう。教頭や学校事務職員には，そのお金が無駄使いに思われるのである。使い方を工夫すれば，そのお金が他で有効利用されていく。

(1) 校務分掌を見て

　学校の組織の概要について述べてきたが，組織が機能し，円滑に活動するには，組織の一員である教員一人一人が，「自分が所属している組織」を良く理解し，一員としての自覚を持つことである。

　学校では組織を構成する場面が多いので，効率を高めるために小集団で活動する組織がある。学年会や教科部会，生徒指導部会等である。この小集団

6　学校組織の円滑さと機能向上を図る組織

組織では，組織の一員として，組織が活動できるよう一人一人が意欲的に活用する心構えが大切である。また，組織を中心に活動しようとすることが重要である。

学校全体の組織では，雰囲気が大切である。またインフォーマルな人間関係が醸成されるよう配慮したい。

そのような観点で，次のような校務分掌組職図を例にして考察したい。

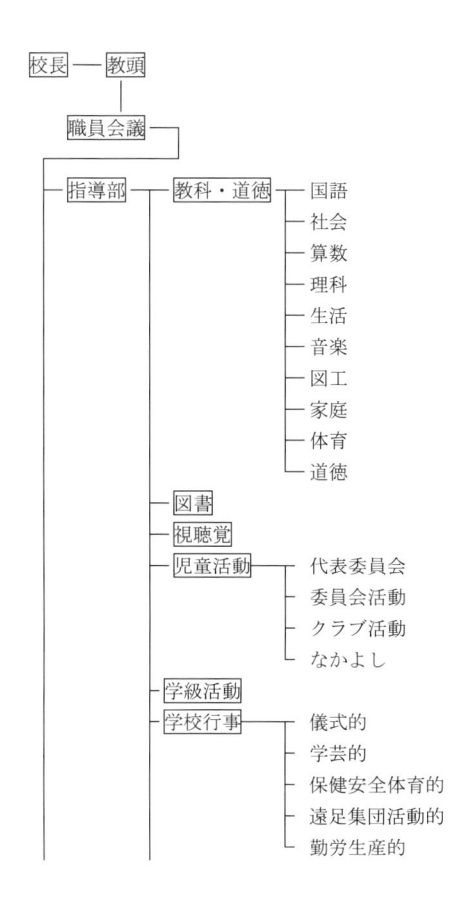

```
校長 ─ 教頭
       │
       職員会議
       │
  ┌── 指導部 ─┬─ 教科・道徳 ─┬─ 国語
  │           │               ├─ 社会
  │           │               ├─ 算数
  │           │               ├─ 理科
  │           │               ├─ 生活
  │           │               ├─ 音楽
  │           │               ├─ 図工
  │           │               ├─ 家庭
  │           │               ├─ 体育
  │           │               └─ 道徳
  │           ├─ 図書
  │           ├─ 視聴覚
  │           ├─ 児童活動 ─┬─ 代表委員会
  │           │             ├─ 委員会活動
  │           │             ├─ クラブ活動
  │           │             └─ なかよし
  │           ├─ 学級活動
  │           └─ 学校行事 ─┬─ 儀式的
  │                         ├─ 学芸的
  │                         ├─ 保健安全体育的
  │                         ├─ 遠足集団活動的
  │                         └─ 勤労生産的
```

第5章　専門職としての教育経営

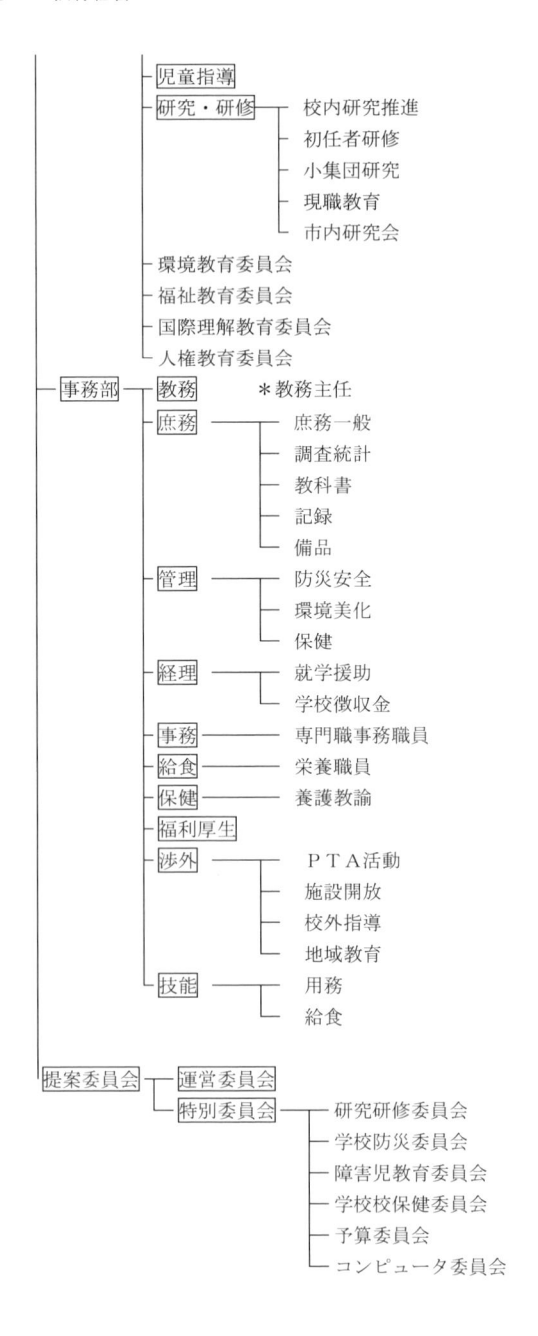

```
                ┌─ 児童指導
                ├─ 研究・研修 ──┬─ 校内研究推進
                │              ├─ 初任者研修
                │              ├─ 小集団研究
                │              ├─ 現職教育
                │              └─ 市内研究会
                ├─ 環境教育委員会
                ├─ 福祉教育委員会
                ├─ 国際理解教育委員会
                ├─ 人権教育委員会
      ┌ 事務部 ─┼─ 教務        ＊教務主任
      │         ├─ 庶務 ──┬─ 庶務一般
      │         │         ├─ 調査統計
      │         │         ├─ 教科書
      │         │         ├─ 記録
      │         │         └─ 備品
      │         ├─ 管理 ──┬─ 防災安全
      │         │         ├─ 環境美化
      │         │         └─ 保健
      │         ├─ 経理 ──┬─ 就学援助
      │         │         └─ 学校徴収金
      │         ├─ 事務 ──── 専門職事務職員
      │         ├─ 給食 ──── 栄養職員
      │         ├─ 保健 ──── 養護教諭
      │         ├─ 福利厚生
      │         ├─ 渉外 ──┬─ ＰＴＡ活動
      │         │         ├─ 施設開放
      │         │         ├─ 校外指導
      │         │         └─ 地域教育
      │         └─ 技能 ──┬─ 用務
      │                   └─ 給食
      │
      └ 提案委員会 ─┬─ 運営委員会
                    └─ 特別委員会 ──┬─ 研究研修委員会
                                    ├─ 学校防災委員会
                                    ├─ 障害児教育委員会
                                    ├─ 学校校保健委員会
                                    ├─ 予算委員会
                                    └─ コンピュータ委員会
```

校務分掌を構成するに当たって，事務部では教職員の分掌に対する責任感を育てること，事務分掌を公平にすること等を考慮する学校もあるが，例示の学校では，教職員が分掌事務を将来交代することを考慮に入れ，複数の分掌を複数の職員で処理することを原則としている。

　分掌では，教職員個人の希望，特技等も考慮することが大切である。「学校組織の意欲・対応」を図るためである。

　分掌では，学校の職務を分担して実施することが一般的であるが，例示の学校では，「委員会」が編成されている。特に，全校の職員に周知徹底を図るための原案作成は複数職員による委員会で作成する工夫が見られる。複数の職員の合議による「委員会」制では，原案が絶えず新鮮になったり，専任職員の独断を規制したりする働きがある。

　例えば，教育委員会から各学校に令達された学校運営費について，教頭の判断で執行したり，校長の了解のもと教頭と事務職員の協議だけで，運営費が執行されたりする場合がある。学校によっては，社会科の学習指導で掲示用地図が必要な場合，教頭にお願いして買ってもらう，あるいは，学校事務職員にお願いして購入を依頼することがある。

　予算委員会が設置されている学校では，管理職の了解を得た事務職員が「本年度の学校運営費」について発表する。各教科担当は本年度の学習指導計画を勘案して，教科として購入したい希望備品を申し出る。それぞれの校務分掌担当から提出された備品購入希望を集計して，配当予算で間に合うようなら希望通りの備品を購入する。

　備品購入希望金額が配当予算より多い場合は「予算委員会」を開催する。この予算委員会では各学年，各教科等，予算要望を出した教職員が招集される。各教職員は自分の希望備品の購入を図るために意見交換をする。結果として教職員で配当予算内の備品購入になるよう努力するのである。

　例えば，学習指導要領が改訂（2008）され，社会科では地球儀の学習が登場することになった。小学校では昭和40年代に地球儀を使用する学習があっ

たが，およそ 30 年以上，小学校の社会科では地球儀を使用する学習がなかった。そこで，社会科主任は「地球儀の必要性」を予算委員会で主張する。他の教科備品の購入についても「必要性，緊急性」を主張し，学校として必要度が高く充足率が低いものを優先して購入順序が決められる。

学校組織では，分掌分担による効率性と「委員会制」による協議を通し，組織としての全体的な雰囲気の清新化・コミュニケーションを図ることができる。

7　学校組織の機能発揮に貢献を

(1) 相互理解を考える

教職員としての「モラールの高揚」は，以前から教育現場で必要性が叫ばれてきたが，最近，特にその重要性が高まっている。モラールの定義は「ある集団（ないし組織）成員が，成員であることに誇りをもって結束し，集団ないし組織の共通目的の達成に向かって積極的に努力しようとする感情ないし態度である」（国立教育研究所紀要 24 集　昭和 36 年）と述べられている。

学校の組織にとって，モラールの高揚には二面性がある。その一つは，公的な場面でのモラールである。例えば，校務分掌で「指導部の児童指導」を担当することになったとする。児童指導担当者は定例的に会議を設け校内の児童指導上の諸問題について情報交換を行う。指導の必要な子どもには時間の枠を越えて対応する場合もある。この場合，児童指導担当は誰でも対応出来ることが前提である。

勤務時間なら対応はできるが，勤務時間外はできない等とすることは原則として行わない分掌である。児童指導担当が複数いるが，そのうち，何人かに寄り掛かる姿勢はモラールに反することである。

また，各学年担当が校務分掌の何を担当しようとも，公平に効率よく，分掌処理を行うことがモラールである。児童指導担当の時には，時間にしばられずに地域の巡視や保護者との対応に当たったが，年度が変わり，分掌が図

書館指導担当になったら,前年度のような意欲的な分掌処理が見られなかった場合はモラールの高揚が図られているとは言えない。

一般に教職員が分掌内容をよく理解し,同僚との協力関係が円滑で,自分から提案する積極性がある時には,モラールが高揚している状況である。

モラールの高揚のその二は,学校に勤務する教職員のインフォーマルな場面での人間関係が良好である場合である。

(2) 協働を図る

学校組織の機能が発揮されているのは,教職員の「協働」意識が盛り上がっている場合である。例えば,教育委員会から学校に「理科の教育研究」を依頼された場合,校長は独断で研究の委託を受け入れるか否かを判断することはない。教頭や教務に相談し,教職員全員に,その意向を伝えるのが一般的である。

教職員に委託研究の受け入れを伝えるのは,校内の分掌で「分担と協力」のバランスが良いと判断した場合である。

校務分掌を編成した場合,分担の効率と協力の相乗効果がバランスよくなる配慮をすることが大切である。このバランスは教職員の「協働」意識の高揚によって生まれる。

小学校でも教科指導に当たって「協力指導」を進めたり,小集団学習を推進したりしている。教員の協力だけでなく,補完しあう関係ができていると,学校組織は機能する。

(3) 学校風土の改善を考える

義務教育諸学校は戦後に創立された例が多い。中学校は戦後の新制教育制度ができた後に創立されているし,小学校でも戦前の創立という学校は多くはない。戦後,物資の不足している中で,「我が子には教育を」という願いがあった。

学校創立に当たっては,「我が子のために」,「我が家の子孫のために」という地域の人々の温かい思いにより開校した経緯を持つ学校もある。

学校は行政に建設してもらっても，校庭の植樹は地域が協力して行った学校がある。例えば，PTA役員が地域の家庭を訪問し，庭の植木を学校に寄贈をお願いすることもあった。学級園や学校園の整備，中には，校庭の隅に池を作り，近所の川で採集した川の生き物を放流した学校もある。

学校が体育祭（運動会）を行うと，たとえ自分の子どもが通学していても，いなくても，町（村）の大きな行事として協力を惜しまない地域は多く見られる。学校と地域の関係は親密になってくるのが普通である。ときには，「運動会の日程と地域の祭りの日程が重なってしまった。祭りの日取りは昔から決まっているものなので変えることはできない。ついては運動会の日程を変えてもらえないだろうか。」といった申入れがされる場合もある。

祭りに限らないが，地域の産業や行事に連携して学校運営・行事が設定される例はむかしからある。地域は変わらなくても，学校は変わる。地域に住んでいる人々は世代が変わっても，その地に住みついている。地域の風習，伝統を大切にしている。それに対して，学校は創立以来，地域にあるが，勤務する教職員は毎年のように何人かが交代する。

近隣都市から郊外にある学校に着任した校長は，以前いた都市部の学校では見られない地域の活動に驚いたという。

地域の代表から「明日の土曜日は学校の植木の手入れをする。校長先生，応援をよろしく」と，言われた。校長は森のように繁茂している校庭の樹木剪定を教育委員会に依頼することを考えていた。タイミング良く，地域の方々が積極的に剪定作業をしてくれる。校長は学校の休日でもあるので，教職員には声をかけなかった。

校長だけが出勤した。地域の方々は「学校の先生が遅いな。先生の指示がないと，どの枝を切って良いか分からない。大切な教材だから，先生が来てから作業をしよう。」と言う。

この学校は創立以来，校庭の樹木の剪定は地域の仕事，樹木を理科の観察や社会科の教材として活用するので，教職員と相談しながら剪定する習慣

（風土）が醸成されていた。転任してきた校長は，それを知らず，教頭にも教務主任にも，もちろん教職員にも知らせなかった。校長としては，教職員を休日に出勤させられないと判断していた。

　結果として校長の判断は地域の方々だけでなく，教職員からも批判される事になった。校長が学校の風土を，まず学ぼうとする気持ちや意欲がなかった例である。

第6章 学校に働く人々・関わる人々

1　学校の教職員

(1) 校長

　校長は，校務または園務をつかさどり，教員・事務職員・技術職員等の所属職員を監督する。

　大学においては，他の学校種における「校長」に相当する職位を，法制度上，学長と呼ぶ。学長は，大学によっては総長，塾長などの独自の名称で呼ばれることがある。なお私立大学の場合，総長が学長とは異なる職を指す場合もある。

　幼稚園では同様の職位を，法制度上，園長と呼ぶ。

　校長を教員の一種とする考え方もあるが，法制度上，通常は別の概念であるとされる。校長の職務には，在学者に対して直接教育を行うことは含まれず，教育を行う場合には校長の職とともに教員の職を兼ねる形となるのが通例である。

　ただし幼稚園の園長に関しては，教員としてカウントする自治体が多く，実際，小学校併設幼稚園以外の幼稚園の専任園長は，他の教員と同様に現場教育に係わりながら管理職も兼ねるケースも多い。

　学校教育法(昭和22年法律第26号)第11条および学校教育法施行規則(昭和22年文部省令第11号) 第11条に基づいて，校長及び教員は，教育上必要があると認めるときは，学生・生徒・児童に懲戒を加えることができる（幼児に対してはできない）。

　懲戒のうち，退学・停学・訓告の処分は，それらの処分の重要性に照らし

て，各教員ではなく校長が行うことになっている（大学においては，学長の委任を受けた学部長も同様の処分を行うことができる）。

◎校長への就任資格等

　幼稚園・小学校・中学校・高等学校・中等教育学校・特別支援学校の校長（園長）となるために必要な資格は，学校教育法施行規則第8条・第9条および第9条の2によって定められている。

　国立学校・公立学校・私立学校を問わず，1種免許状または専修免許状の教員免許状を持ち，一定年数以上教諭の経歴を有する者の中から雇用者（教育委員会や学校法人など）が選考を行うことが多い。

　近年では学校教育法施行規則の改正によって諸条件が緩和され，民間企業の出身者をはじめとした教員以外の経歴を持つ校長（いわゆる民間人校長）も増えつつある。私立幼稚園の園長は特に教員免許を必須とはしない。

　大学・短期大学・高等専門学校の学長（校長）となるために必要な資格は，各校種の設置基準（文部科学省令）によって，「学長（校長）となることのできる者は，人格が高潔で，学識が優れ，かつ，大学（高等専門学校）運営に関し識見を有すると認められる者とする。」と定められている。

(2) 教頭・副校長

　教頭は，校長・園長，副園長・副校長を助け，校務を整理し，必要に応じ幼児の保育，または，児童・生徒の教育をつかさどる学校職員のことである。

　児童・生徒の教育，または，幼児の保育をつかさどるには，児童・生徒・幼児の発達段階・学習段階に応じた教員の免許状を有していなければならない。

　教頭は，校長・園長（副校長・副園長を置く学校にあっては，校長・園長および副校長・副園長）に事故があるときは校長・園長の職務を代理し，校長・園長が欠けたときはその職務を行う。この場合において教頭が2人以上あるときは，あらかじめ校長・園長が定めた順序で，その職務を代理し，または行う。

教頭になるには，校長と同様に一定年数以上の教育経験はもちろん，主任や主事などの経験もしなければならない。また教頭試験（管理職登用選考）に合格する必要がある自治体もある。

(3) 主幹教諭

自治体によっては，総括教諭と呼ばれている場合がある。

一般教員のリーダー的な立場であり，管理職を助ける役目をする。昨今，激務となっている教頭職への援助・支援，社会的変革によって生じた校務への渉外活動等を担当する。

管理職ではないと解されているが，教員個人に与えられた教員の地位であり転任しても主幹とされる。自治体によっては職務命令ができる等，教諭とは一線を画し，その職務に期待しているところもある。

(4) 養護教諭

養護教諭は保健室等を中心に勤務し，学校内における児童・生徒のけが・疾病等の応急処置を行ったり，健康診断・健康観察等を通して，児童・生徒の心身の健康をつかさどったりする職員である。

養護教諭は，教諭とはいっても通常，授業を行うことはないが，学級担任や保健体育の教科担任等との相談や協力のもと，健康教育や性教育等の保健指導を行うことがある。養護教諭は，その学校の児童・生徒を健康保持の立場から把握しており，専門的な立場からの授業行うことは大きな意義がある。ただし，授業を行う時間保健室を空けることになるので不安を覚える養護教諭もいる。

(5) 司書教諭

司書教諭とは，学校図書館（図書室等も含む）のためにおかれる教員のことである。教諭であるとともに司書の講習を修了していることが求められる。

制度としては，1953年に設けられていたが「当面の間」司書教諭を置かないことができる，とされていたため配置が遅れていた。

1 学校の教職員

(6) 栄養教諭

栄養教諭は，児童・生徒の栄養の指導及び管理をつかさどる教員のことである。

児童・生徒の発育において，栄養状態の管理や栄養教育の推進を目指して2005年に新たに設けられた職種である。栄養教諭の免許状を取得するに当たっては，栄養士資格を有していることが前提となっている。

(7) 学校を支える職種とその内容

◎事務職員

学校事務職員は，主に国公立学校や私立学校等で学校事務を行う職員の総称である。大学で事務を行う場合は大学職員と呼ばれ，区別される。

学校教育法第37条で「小学校には校長，教頭，教諭，養護教諭及び事務職員を置かなければならない」と定められており，この条文は中学校にも準用するよう規定されている（第49条）。高等学校については第60条で，大学については第92条で事務職員を置くことが明記されている。

学校経営や運営が円滑に行われるよう支えているのが，学校事務職員であり，学校運営に欠くことのできない職種である。小学校や中学校の場合「事務の先生」という通称で呼ばれることもある（教員ではない）。学校規模により配置人数が決まっており小学校・中学校では1～2名，高等学校では4～5名程度が多い。

◎学校用務員

学校用務員の仕事は，学校環境の整備その他の用務に従事することである。必ず置かなければならない職員ではなく，必要に応じておくことになる。

かつての学校では，住み込みで働く姿も見られたが，民間への警備委託することもあり，住み込みはなくなってきている。

◎学校給食栄養管理者

義務教育諸学校または共同調理場において学校給食の栄養に関する専門的事項をつかさどる職員である。栄養教諭の免許状を有する者または栄養士法

の規定による栄養士の免許を有する者で学校給食の実施に必要な知識もしくは経験を有するものとなっている。

◎給食調理員

学校給食の調理を担当する職員である。公立学校ではその自治体の正規職員であることが多いが，正規採用を控え民間委託に変える自治体が増えてきた。

(8) その他の関係者

◎スクールカウンセラー

教育機関において心理相談業務に従事する専門家である。不登校やさまざまな問題行動等の対処には，専門的な心理学の知識や援助知識が求められる。問題行動が多岐にわたり，数も増える傾向がある。最近になって高度な専門知識を有し，心理相談業務に従事する専門家を配置するようになった。

◎学校評議員

学校評議員は，学校運営に関して意見述べる者のことである。この制度は，2000年から取り入れられているものであり，教育委員会や学校法人等，その学校の設置者の定めるところにより置かれている。

◎学校医，歯科医，薬剤師

学校医，歯科医，薬剤師は，学校保健安全法により学校に置かなければならないとされている。その職務は，学校における保健管理に関する専門的事項に関し，技術および指導にあたることである。

2　社会教育・生涯学習

学校教育では，学校という施設があり，その施設には学習に対応した多くの備品が整えられている。整然とした施設で，教育課程に沿った学習が展開できれば一定の成果が生まれる。言い換えるならば，学校に行けば教育は受けられる。しかし，教育は学校だけで完結するものではなく，地域の施設や設備との連携は欠かせない。社会教育と密接な関係を持つ。

(1) 公民館

公民館は，市町村その他一定区域内の住民のために，実際生活に即する教育，学術および文化に関する各種の事業を行い，住民の教養の向上，健康の増進，情操の高揚を図り，生活文化の振興，社会福祉の増進に寄与することを目的とする（社会教育法第20条）。

1949年の社会教育法制定によって法的に位置づけられた。公民館制度は戦前からの地域施設設置運動と住民の参加システムを生かす形で住民の企画・運営への直接参加が行われる等，地域における住民の学習権保障の場として評価されている。

(2) 図書館

図書館は図書，記録その他必要な資料を収集・整理・保存して一般市民の利用に供し，その教養，調査研究，レクリエーション等に資することを目的とする施設である（図書館法第2条）。

図書館の利用者層や蔵書形態もさまざまで，児童図書中心とした図書館や，漫画のみを扱ったまんが図書館，学習室があり学生が中心の図書館，社会人に利用者層を絞った図書館，学校に付随する学校図書館等がある。

◎図書館の機能

図書館の機能は大きく分けて六つある。

①図書館資料の収集

図書，新聞，雑誌をはじめとして，CD等のマルチメディアの収集を行う。

②図書館資料の整理

資料は適切に整理されていないと利用価値がない。収集された資料は各館が定めた分類法（日本の公立図書館等では，「日本十進分類法」に沿ったものが多い）により分類番号等を付けて利用されやすいように整理する。

③図書館資料の保存

各種資料はその材質に応じて適切に保存する必要がある。また，図書等の劣化に対応して，補修を行ったり，貴重な資料に関しては（例えば，電子的

な）複製の作成も行ったりする。
④**図書館資料の提供**
　図書館の最大の業務は資料・情報提供である。最近では，図書館と学校がオンライン化され，学校にいながら図書館を利用できるシステムになっている自治体もみられる。
⑤**集会活動，行事の実施及びガイダンス**
　図書館利用の広報活動や，図書館の利用のガイダンスを行うことである。
(3)　**博物館**
　博物館とは，特定の分野に対して価値のある事物，学術資料，美術品等を収集，保存し，それらについて専属の職員（学芸員など）が研究すると同時に，来訪者に展示の形で開示している施設である。

3　各施設と連携する学校

　学校の教育が成立するためには，多くの施設と連携を取っている。外部機関との連携では，「校務分掌」に位置づけられている場合もある。
　その例として，「学校・警察連絡協議会」がある。各学校と地域の警察との連絡協議会も開催されているが，多くは，警察署の管内にある小学校・中学校。高等学校・幼稚園の代表者が一堂に会し，子どもの健全育成になる障害について情報交換をしている。
　また，児童相談所や福祉事務所等との連携も行われている。児童相談所は一般的な相談活動のほか，児童虐待について相談・通告を受けて調査を行い，保護者への指導・支援を行う。福祉事務所は，生活保護や児童福祉等に関する相談を受け，必要な支援を行ったり，被虐待児の安全確認も行ったりする。厚生労働大臣が委嘱し，児童・生徒の生活環境の状況をつかみ，福祉の増進を図るための活動を行う民生委員との連携もある。

第7章 教師と行政

1 教師と法律の関係

　学校に勤務する教師は，一見法律に規制されたようには見えない。教員採用試験を前にして教育に関する法規に目を通したり，教員になって20年ぶりに管理職登用試験対応で法規を見たりする程度だという教師もいる。しかしながら，教師の職務はすべて法律に従って行われている。

(1) 教育に関する法令

　教育に関連する法的根拠では，「憲法」に記されている「国民に与えられている義務教育を受ける権利」「保護者が子どもや・子弟に義務教育を受けさせる義務」があり，これを受けて教育理念は「教育基本法」に示され，具体的な対応については「学校教育法」に記されている。さらに，教育課程編成の作成に際しては，「学習指導要領」があり「法規」としての性質を有しているものとされている。

　この他，国公立の学校の教員であれば国家公務員であり，地方自治体の教員は地方公務員でもあるので「地方公務員法」も遵守する必要がある。なお，教育公務員として，特別な任務を持つ職員もいる。例えば，指導主事，各学校には現業を受け持つ職員等がいるが，いずれも法規により服務と規制がある。

　また，公立の義務教育機関を中心として，学校は地方公共団体が建設する事になっている。各教育委員会と各学校の間には，細かな規則も定められている。

(2) 地方自治体の条例

　国の教育に関する法規は数多く，細かな点に触れているが，それらに定められた教育に関する条項だけでは解決できない事もある。そこで，各地方自治団体では，地域の実情やそこに住む人々，地方自治の特色等の関係で，国の法規を受けて，教育に関する「条例」や「規則」を制定している。

　その一つとして，「学校の管理運営に関する規則」がある。この規則は各自治体で制定されているが，各学校の教育活動上の義務，教育委員会との関係等，具体的な事項について「規則」として制定されている。

　自分の住む地域や出身地等の規則を調べ比較検証することが望まれる。

2　法律に見る教育

◎日本国憲法

　日本国憲法において，教育に関連する条項は次のようなものになる。

　第14条　①すべて国民は，法の下に平等であって，人種，信条，性別，社会的身分又は門地により，政治的，経済的又は社会的関係において，差別されない。→教育の機会均等

　第15条　②すべて公務員は，全体の奉仕者であって，一部の奉仕者ではない。→服務の根本的基準

　第20条　①信教の自由は，何人に対してもこれを保障する。いかなる宗教団体も，国から特権を受け，又は政治上の権力を行使してはならない。③国及びその機関は宗教教育その他のいかなる宗教的活動もしてはならない。→宗教教育に関する考え

　第23条　学問の自由はこれを保障する。→教育の方針

　第26条　①すべて国民は，法律の定めるところにより，その能力に応じて，ひとしく教育を受ける権利を有する。

　②すべて国民は，法律の定めるところにより，その保護する子女に普通教育を受けさせる義務を負ふ。義務教育は，これを無償とする。→教育を受

ける権利，教育の義務を示す。
◎**教育基本法**
　旧教育基本法は，1948 年に制定され日本国憲法との結びつきを強く出していた。その制定から半世紀以上が経過し，さまざまな情勢の変化に対応するべく改正が行われ，2006 年に施行された。教育の憲法とも呼ばれるこの法律の精神について，前文では次のように述べている。

　　教育基本法（昭和二十二年法律第二十五号）の全部を改正する。我々日本国民は，たゆまぬ努力によって築いてきた民主的で文化的な国家を更に発展させるとともに，世界の平和と人類の福祉の向上に貢献することを願うものである。我々は，この理想を実現するため，個人の尊厳を重んじ，真理と正義を希求し，公共の精神を尊び，豊かな人間性と創造性を備えた人間の育成を期するとともに，伝統を継承し，新しい文化の創造を目指す教育を推進する。ここに，我々は，日本国憲法 の精神にのっとり，我が国の未来を切り拓く教育の基本を確立し，その振興を図るため，この法律を制定する。

◎**学校教育法**
　学校教育法には，学校の種類（学校種）が示されており，この法律における学校とは，小学校，中学校，高等学校，大学，幼稚園，高等専門学校，中等教育学校，特別支援学校としている。この他，各種学校，専修学校に関する定めも示されている。

3　教育職員免許法と教員養成

(1) 教育職員免許法
　教育職員免許法は，1949（昭和 24）年に制定されたもので，その第三条には「教育職員は，この法律により授与する各相当の免許状を有する者でなければならない」とある。つまり我が国では，免許を持たないものは教壇に立てないのである。これは原則校長も同様であるが，近年，民間企業のノウ

ハウを学校経営に生かすという目的で，免許のない人間も校長として任用されるようになった。

(2) 教員養成制度

教員養成は，大学における教員養成と開放制を原則とする制度になっている。

■幼稚園から高等学校まですべて教員は大学において養成する。

■教員養成は戦前の師範学校のような特定の学校に限定することなく，国・公・私立すべての大学（もしくはこれに準ずる機関）において教育職員免許法の規定する所要の単位を修得すれば免許状を取得できる。

(3) 教師の身分と服務義務

国公立の学校の教師は，その学校の教師である前に公務員である。特に「教育公務員」という身分におかれている。公務員としての遵守事項及び公務員の職務内容については憲法15条に「すべての公務員は全体の奉仕者」であることが規定されている。私立学校の教師は，学校設置者との雇用契約によって，その身分が規定される。

教育基本法第9条には，「法律に定める学校の教員は，自己の崇高な使命を深く自覚し，絶えず研究と修養に励み，その職責の遂行に努めなければならない。」「2　前項の教員については，その使命と職責の重要性にかんがみ，その身分は尊重され，待遇の適正が期せられるとともに，養成と研修の充実が図られなければならない。」とある。

教師の身分は，法律によっても保障されているのである。

身分が保障されている教師であるが，一方では，その職責を遂行するにあたって守らなければならない義務や規定が存在し，これを服務という。

公立学校の場合，法令によって定められており，職務上の義務と身分上の義務に分けられる。

職務上の服務とは「職務命令に従う義務」「職務に専念する義務」である。また，身分上の服務としては，「信用失墜行為の禁止」「秘密を守る義務」「

政治的行為の制限」「争議行為等の禁止」「営利企業等の従事制限」がある。これらの義務は，ほとんどが一般の地方公務員と同じであるが，教員ならではの規定もある。

「政治的行為の制限」は，教育公務員特例法第18条によって，地方公務員法の規定によらず，国家公務員法の例によるとされており，制限される政治的行為の範囲が広く，国家公務員と同様の制限を受ける。

「営利企業等への従事制限」は，教育公務員特例法第17条に示されているものである。地方公務員は，その法律によって原則一般の私企業に従事してはならない，とされている。一方，教員は，教育公務員特例法第17条によって制限はあるものの，従事することが可能である。これは，教師の持つ専門的知見を，社会で活用する目的のために認められている。

また，教師は法律や各市町村の条例・規則に違反しない限り，自分の意志に反して降下や免職等々の処分を受けることはない。

次の場合は「分限処分」または「懲戒処分」に当たる。

分限—職責を果たせない事由がある場合。任命者が本人の意志に反して処分する。

懲戒—義務違反をした場合。道義的責任をとらされる。任命権者から話される。義務違反は犯罪であることもある。義務違反の内容により，戒告，減給，停職，免職等がある。犯罪の場合は刑事訴訟法や民事訴訟法で被告になる場合がある。その裁判は個人で対応することになる。

4　教員の質を高める

(1) 研修とは
◎**教員の段階に応じて求められる資質能力**

学校の教員になるためには教員免許が必要であり，その免許は大学等において所定の講座を修めることによって取得できる。教員免許を持っているものが都道府県や政令指定都市の教育委員会が開催する教員採用試験を受験し，

合格すれば正規の教員となる。

 この過程が一般的であり，その中でさまざまな勉学にはげむこととなる。しかし，一旦教員に採用されてしまえばその必要はないかというと，まったくそのようなことはなく，むしろ教員は日々の職務の中でさらに勉学，研修が必要である。

 教員が日々研修を行う必要性は，「子どもは日々成長，変化する」「子どもの生活環境である家庭や地域も変化する」「保護者や一般市民の見方・考え方が多様化している」といった実状による。

 また，研修は同じことを繰り返すのではなく，教員になってから定年を迎えるまでの中で，その時々の段階・ライフステージに応じた研修が必要である。それは教員経験や資質により校務分掌が異なり，前述のような社会状況の変化に対応するためである。

 以下，初任者，中堅教員，管理職の段階に分けて，それぞれに必要な資質能力について検討する。

◎**初任者に向けて**

 大学の教職課程で取得した基本的，基礎的な知識に加え，学校に着任して初めての実践的指導力の基礎等の資質を伸長する研修である。採用当初から教科指導，生徒指導等において著しい支障が出ないよう実践できる資質能力を習得させるねらいがある。さらに，教科指導，生徒指導，学級経営等，教職一般について一通りの職務遂行能力が必要であるので，それを身につけさせることである。なお，養護教諭については，心身の健康観察，救急処置，保健指導等児童・生徒の健康保持増進について，採用当初から実践できる資質能力が発揮できるように配慮した研修となっている。

 新規採用された教員に対して，採用の日から1年間，実践的な指導力と使命感を養うとともに，幅広い知見を得させるため，学級や教科・科目を担当しながらの実践的研修（初任者研修）を行うこととされている。

対象者：公立の小学校・中学校等の教諭等のうち，新規に採用された者

実　施：都道府県，指定都市，中核市教育委員会
根拠法：教育公務員特例法第 23 条
校内研修の時間数：週 10 時間以上，年間 300 時間以上
講　師：管理職等の経験のある教員
研修例：教員に必要な素養等に関する指導
　　　　初任者の授業を観察しての指導
　　　　経験者の授業を初任者に見学させて指導
校外研修：日数　年間 25 日以上
研修例：教育センター等での講義・演習
　　　　企業・福祉施設等での体験
　　　　社会奉仕体験や自然体験に関わる研修
　　　　青少年教育施設等での宿泊研修

◎中堅教員に向けて

　学級担任，教科担任として相当の経験を積んだ時期であるが，特に，学級・学年運営，教科指導，生徒指導等の在り方に関して広い視野に立った力量の向上が求められる。

　また，学校においては主任等学校運営上重要な役割を担うようになったり，若手教員への助言・援助等指導的役割が期待されるようになったりすることから，より一層職務に関する専門知識や幅広い教養を身に付けるとともに，学校運営に積極的に参加していくことができるよう企画立案，事務処理等の資質能力を高める。なお，養護教諭については，保健室経営の在り方，学校保健の推進等に関して広い視野に立った力量の向上を図る。

　新規採用された教員に対しては指導的立場となる。採用の日から 1 年間，実践的指導力と使命感を養うとともに，幅広い知見を得させるため，学級や教科・科目を担当しながらの実践的研修（初任者研修）を行うこととされている。

◎**管理職に向けて**

　同じ学校に勤務していても，また机を並べていても，教頭と教務主任（主幹教諭・総括教諭）とは，全く異なる職務をしていることが多い。新任の教頭が何の仕事をするのか，「校長に聞きに行く」ことはよくある話である。

　教務主任が学習指導の総括をしているのに対して，教頭は人事・財務，校外対応，渉外等，教務主任時代には，ほとんど経験していない職務を担当している。

　さらに，校長が毎日出勤していれば良いのだが，校長は校内で最も出張の多い立場であり，ときには学校を代表することにもなる。

　新任教頭の立場を良く知っているのは校長である。心して教頭の成長を図る指導が求められる。行政でも，事務職員に説明しているが，職務としてはほとんど教頭の仕事である。そのことを充分承知している行政は，「新任教頭研修」を年間を通して実施している地域も多くなっている。

(2) 中堅教員（10 年）研修の必要性

　教員になって節目に当たる 10 年目には，従来からも研修が実施されていた。研修には，文部科学省や県市等の教育委員会が主催する研修（いわゆる官制研修）と教員自身が自身をふり返り，研修の内容や目的を自分で行う（自主研修）があり，10 年目の研修は教育委員会が主催し，全員参加が義務づけられる研修である。

　教育委員会が研修を実施するのは，子どもの実状が日々変化する状況に対応できる教員の資質向上を図るものである。地域によって，また年度によっても実情は異なるが，教員になって 10 年を経過すると，日々研鑽をしているはずの教員だが，資質や指導力，子どもの掌握・理解力等に差が現れるようになっているのも事実である。

　このような状況において教員の資質向上と研修の必要性が高まり，2002 年，教育公務員特例法の改正を機会に，公立の教員に対して 10 年目の研修が全面的に実施されることとなった。

文部科学省によると，その実施の趣旨と概要は次のようになる。

◇趣旨

　平成14年度から全国の小・中学校で実施されている新しい学習指導要領等の下，基礎・基本を確実に身に付けさせ，自ら学び考える力などを育成し，確かな学力の向上を図るとともに，心の教育の充実を図るためには，実際に指導に当たる教諭等にこれまで以上の指導力が必要とされていることから，教育公務員特例法（以下「法」という。）を改正して，教諭等としての在職期間が10年に達した者に対する個々の能力，適性等に応じた研修を制度化するものであること。

◇概要

＊小学校等の教諭等の任命権者は，小学校等の教諭等に対して，その在職期間が10年（特別の事情がある場合には，10年を標準として任命権者が定める年数）に達した後相当の期間内に，個々の能力，適性等に応じて必要な事項に関する研修（以下「10年経験者研修」という。）を実施しなければならないこととすること。（法第20条の3第1項関係）

＊任命権者は，10年経験者研修を実施するに当たり，10年経験者研修を受ける者の能力，適性等について評価を行い，その結果に基づき，当該者ごとに10年経験者研修に関する計画書を作成しなければならないこととすること。（法第20条の3第2項関係）

＊任命権者が定める10年経験者研修に関する計画は，教員の経験に応じて実施する体系的な研修の一環をなすものとして樹立されなければならないこととすること。（法第20条の4関係）

(3) 管理職研修の必要性

　管理職研修は，校長，教頭およびそれらの候補者を対象に実施する研修であり，地域や子どもの状況を踏まえ，創意工夫を凝らした教育活動を展開する指導者の研修である。管理職は，教育に関する理念や識見を有し，地域や学校の状況・課題を的確に把握しながら，学校の目標を提示し，その目標達

成に向けて教職員の意欲を引き出すなどのリーダーシップを発揮することが大切である。

　また，関係機関等との連携・折衝を適切に行い，組織的，機動的な学校運営を行うことのできる資質を備え，また，学校運営全体を視野に入れた総合的な事務処理を推進するマネジメント能力等の資質能力を身につける研修である。

(4) 長期社会体験研修

　長期社会体験研修は，現職の教員をおおむね1か月から1年程度，民間企業や社会福祉施設等，学校以外の施設に派遣して行う研修である。その目的は，社会の構成員としての視野を広げる，対人関係能力の向上等である。学校と地域社会との連携をより緊密にするために重要な役割を果たすものと期待されている。

(5) 校内研修

　校内研修はそれぞれの学校で，年間を通して教員が必要と思われる研修内容を持ち寄り，校内でそれを得意とする教師を講師に研修をするものである。ときには，外部から専門家を招請して研修会を開催する場合もある。

　校内研修は，教員が学習指導に当たって，常に指導技術の向上と教育活動の情熱を喚起するために行われているのが一般的である。

　外部から講師を招いて一方的な話を聞くことより，自分が活動する協働型の研究がさかんになっている。

　例えば，教職員が校内の子どもの状況や保護者の要望等を勘案して，「自立や社会参加に向けて主体的に取り組もうとする児童生徒の育成」というテーマを作成したとする。そのテーマの実現に向けて，教職員は共通理解を深めながら自立活動を展開する。テーマ，そのポイントはさまざまであるが，教員にとって指導の在り方について取り組むのが一般的である。

　また，「教材・教具の工夫」「教室環境の整理」「複数教員による指導法の検討」「スモールステップ化した目標設定」等の視点から，指導実践の充実

も図ることになる。

　校内研究では，目の前にいる一人一人の児童・生徒に応じた学習課題を組み立てることで，それぞれの教育的ニーズに応える指導を目指すことができる。そこでは，児童・生徒が興味・関心を持って主体的に活動に取り組み，なおかつ成就感も味わうことができるような指導内容を取り上げていくことになる。このような研究活動が継続されることにより，「校内研修」の充実を図る傾向が強くなってきている。

　さらに，児童・生徒の事例研究を重ねる中で，教材・教具の工夫，指導の工夫，改善点等の情報交換及び共有を図るのは，教師が互いに実践を通して学び合う機会として有効である。

　それまで主に「個別指導」(「自立活動」「国語」「算数・数学」から，児童生徒一人一人の教育的ニーズに応じて選択し，指導する)を中心とした研究に，個別で取り組む指導形態について取り上げた研修も同時に行ってきた例がある。これについては一定の成果を上げつつも，一方では集団で取り組む指導形態についての研修を望む声も上がった。

　2008年12月には，特別支援学校小学部・中学部学習指導要領案が文部科学省から示され，教育課程を見直していくことは喫緊の課題となった。そこで校内研修として，集団で取り組む指導形態について，教育課程を編成していくことにしたという例もある。

(6) 計画的な校内研修

　数年間に渡る計画的な校内研修を実施している学校の例もある。

　以下に示した「生活単元学習」とは，生活上の課題処理や課題解決のための一連の目的活動を組織的に経験させることによって，自立的な生活に必要な事柄を実際的・総合的に学習させようとする指導の形態である。この目的は，小中一貫した生活習慣づくりやきれいな学校づくり等という地域の教育目標にも合致するものであると，勤務する教職員も共通理解していた。

　また，考える授業づくりを行い，思考力・判断力・表現力の基礎学力づく

りをねらった学力パワーアッププランのねらいとも合致するものであった。

　校内研修の時間を活用し，教育課程編成は4カ年で計画し，以下のようなタイムスケジュールと研修のねらいで編成していくことにしたという。

　　1年目……生活単元学習
　　2年目……音楽，体育，図工・美術
　　3年目……遊びの指導，作業学習，日常生活の指導
　　4年目……個別指導（国語，算数，自立活動），特別活動

◎**研修のねらい（研修目標）**

　小学部においては「主体的に取り組もうとする姿を引き出し，その力を伸ばすことが自立や社会参加に向けた基礎的な力を養うことにつながる」と考える。そこで，児童一人一人のニーズや課題から，これまでの研修（教材・教具の活用や環境の工夫）を総合的に組み立てることで，授業作りという視点で，「国語」「算数」「自立活動」の授業のあり方を実践を通して明らかにする。

　中学部においては，「個別学習」の実践において，生徒一人一人が，自立や社会参加に向けて主体的に取り組もうとする姿を引き出すための指導のあり方を，中学部として目指す生徒像に向けて，個々の生徒のニーズにあった学習のねらいの明確化や具体的な手だての工夫に視点をあてて明らかにする。

　このような，校内研修は，教職員に自分たちの学校という意識を芽生えさせ，外に向けては，外部の知見を積極的に取り入れている充実した学校である，という自負を持たせる効果もある。

第8章 教師と教育改革

　我が国は太平洋戦争後，教育基本法を制定し，その運用に関する学校教育法等も整備した。新しい教育制度を発足させたのである。やがて，人々は戦後の貧しい社会からの脱出を目指して懸命に努力を続け，大きな経済発展を遂げることになる。それには，教育の力も大きな影響力を発揮したことが背景にあった。

　東京オリンピックが開催された1964（昭和39）年前後は，経済発展の絶頂期を迎える頃であった。その後は，生活が豊かになった反面，その発展の陰で見落とされてきた事態が「公害」となって現れ，環境汚染が広がることとなった。

　一方，教育の世界でも学校が荒れる時代を迎えることとなる。そのような状況で大学紛争が起こるようになり，やがてそれは高等学校にも波及していった。次第に中学校や小学校にも影響が見られるようになる。

　このような社会的背景もあり，教育改革の必要性が求められ，1971（昭和46）年に中央教育審議会から本格的な教育制度に関わる答申が出た。以後現在まで，教育改革の波が続いている。そこで，教育改革の流れの背景となっている社会の状況を概観し，その流れを検証してみたい。

1　1980年代までの教育改革

(1) 四六答申

　石油ショックを経験し，好景気の先行きが心配される社会状況のもと，中央教育審議会より答申が出された。「今後における学校教育の総合的な拡充整備のための基本的施策について」が正式な名称であるが，昭和46年に出

されたことにより,「四六答申」と教育関係者の間で呼ばれた。

　この答申では,前文に続く第1章の「学校教育に関する基本構想」,第2章の「今後における基本的施策のあり方」,最後に参考資料として「総合的な拡充整備のための資源の見積もり」からなっている。答申では学制改革にも触れた提言があった。先進的な内容で実現にはいたらなかったが,やがて開催される臨時教育審議会に引き継がれることとなった。

(2) 中曽根内閣時代の臨時教育審議会

　臨時教育審議会は1984年8月から1987年8月の間,臨時に設けられた諮問機関である。文部大臣ではなく,首相が教育に関する審議会を発足させたことに注目したい。

　戦後の教育改革は,終戦直後の教育法規の制定等を除けば,文部大臣の諮問機関である「中央教育審議会」が担っていた。臨時教育審議会が設置されたことに注目する必要がある。

　臨時教育審議会が設置された当時の社会背景としては,校内暴力や「いじめ」が顕在化するようになり,いわゆる教育荒廃が社会問題化していた。このことへの迅速な対応が求められ,内閣総理大臣の主導による改革が図られた。

　臨時教育審議会はその任期中に4次にわたる答申を出しており,審議が真剣に,かつ精力的に行われたことが伺われる。

　1985年6月の「第1次答申」では,21世紀を目指した我が国の教育改革の基本方向について,個性重視の原則を含めて答申されている。

　1986年4月の「第2次答申」では,21世紀に向けて,家庭,学校,社会に連関した諸課題を総合的に検討している。これらの提言は1987年12月の教育課程審議会と教育職員養成審議会の答申で具体化した。

　1987年4月の「第3次答申」では,第二次答申で審議が途中となった課題について検討している。第2次答申と第3次答申を具体化した答申が12月の教育課程審議会と教育職員養成審議会で具体化されたことにより,臨時

教育審議会の中心的提言となっている。

　1987年8月の「第4次答申」では，文教行政，入学時期の問題等，教育改革の視点を明確にした。なお，答申は，「国民の教育改革への熱意に待つところが大きい」と結んでいる。

2　1990年代の教育改革

　臨時教育審議会の答申等で，実質的な動きのなかった中央教育審議会は，1990年に出した「生涯学習の基盤整備」という答申から活動を再開することになる。

　中央教育審議会の答申をふり返ってみると，いくつかの特色ある，今日の教育に大きな影響を与えた答申がみられる。その中から，1996年7月に出された『21世紀を展望した我が国の教育の在り方について　中央教育審議会（第1次答申）―子どもに「生きる力」と「ゆとり」を―』より「はじめに」の一部をを掲載したので，教育改革の主旨を読みとってほしい。

　　1　中央教育審議会は，平成7年4月，文部大臣から「21世紀を展望した我が国の教育の在り方について」諮問を受けた。その際，主な検討事項として次の三つの事項が示された。

　　　[1]　今後における教育の在り方及び学校・家庭・地域社会の役割と連携の在り方

　　　[2]　一人一人の能力・適性に応じた教育と学校間の接続の改善

　　　[3]　国際化，情報化，科学技術の発展等社会の変化に対応する教育の在り方

　　　　（中略）

　　2　我々は，学校・家庭・地域社会を通じて，我々大人一人一人が子供たちをいかに健やかに育てていくかという視点に立つと同時に，子供の視点に立って審議を行い，今後における教育の在り方として，[ゆとり]

の中で，子供たちに［生きる力］をはぐくんでいくことが基本であると考えた。そして，［生きる力］は，学校・家庭・地域社会が相互に連携しつつ，社会全体ではぐくんでいくものであり，その育成は，大人一人一人が，社会のあらゆる場で取り組んでいくべき課題であると考えた。

この第一次答申は，まず，第１部において，子供たちの生活や家庭・地域社会の現状と，これからの社会の展望を踏まえつつ，全体的に今後における教育の在り方について述べている。

次いで，第２部は，今後における教育の在り方を踏まえつつ，これからの学校・家庭・地域社会それぞれの教育の在り方，学校・家庭・地域社会の連携の在り方について述べ，最後に，学校週５日制の今後の在り方について述べている。

そして，第３部は，今後における教育の在り方を踏まえつつ，国際化，情報化，科学技術の発展，環境の問題等の社会の変化に対応する教育の在り方について述べている。

3　2000年代の教育改革

(1) 急激な情報化社会

1953年，我が国でもテレビ放送が開始された。テレビの契約台数はわずかなものであったが，人々は新しい時代の到来を強く感じた。ただ，テレビが一般家庭に普及するには，10数年の歳月が必要だった。

テレビは情報化社会の先駆けとなる電化製品であったが，人々にとっては情報を一方的に受け入れる受身的な機器でもあった。ただテレビは情報化社会へ絶大な影響力を発揮した。

業務用のコンピュータは，以前から一部の会社や研究所で使用されていたが，パーソナルコンピュータ（パソコン）の登場は，その存在を身近なものとした。いまや世帯普及率は７割を越しており，それにともなって，インターネットの利用率も急速に増えている。また，携帯電話の普及はコミュニ

ケーションの形態に大きな変化をもたらすこととなった。情報化社会と呼ばれて久しいが，そのありようは大きく変化しそのスピードも速い。この速さからすると，10年後の社会は，そして教育はどのようになっているだろうか。

(2) 21世紀の教育改革の多様化

新しい世紀を迎え，中央教育審議会の答申や諮問等は，教育改革の流れを象徴していると言える。その主なものを挙げてみよう。

新しい時代に対応した教育の在り方が多面的に示されている。1990年代末には新世紀を展望する諸施策を掲げた答申があったが，そのことが具体化されている。

「2005年1月28日　子どもを取り巻く環境の変化を踏まえた今後の幼児教育の在り方について（答申）」

就学前の幼児に関しては，幼稚園入園者の減少，保育園の待機幼児の増加等の問題が現れるようになった。この答申は，認定こども園の構想を具現化させたと言える。

中学校や高等学校を卒業して，将来の職業選択を考える生徒には，自分の生活を心身ともに豊にすることと同時に社会に貢献することを考慮に入れた次のような諮問がされた。この審議の経過は，多くの学校や保護者から注目されることとなった。

「2008年12月24日　今後の学校におけるキャリア教育・職業教育の在り方について（諮問）」

教育基本法の改正をはじめ，教育の諸制度に関することとして，次のような答申が出された。

「2003年3月20日　新しい時代にふさわしい教育基本法と教育振興基本計画の在り方について（答申）」

「2007年3月10日　教育基本法の改正を受けて緊急に必要とされる教育制度の改正について（答申）」

教育改革の波は，学校の教育内容から始まって，その内容量や発達段階に

応じた学習法，さらに学校や教育委員会の在り方等におよんだ。2000年代に入ってからの大きな特色であろう。

　教育法規が改正されたり，改正に向けた動きがうまれた関係で審議会も回数が多くなり，制度に関する答申も多面的に行われるようになった。例えば次のような答申がなされた。

　教育の制度に関するものでは，

「2005年1月13日　地方分権時代における教育委員会の在り方について（部会まとめ）」

「2005年1月01日　義務教育に係る諸制度の在り方について（初等中等教育分科会の審議のまとめ）」

「2006年7月11日　今後の教員養成・免許制度の在り方について（答申）」

「2005年4月22日　特殊教育免許の総合化について（報告）」

「2005年12月08日　特別支援教育を推進するための制度の在り方について（答申）」

教育の理念に関するものでは，

「2008年2月19日　新しい時代を切り拓く生涯学習の振興方策について〜知の循環型社会の構築を目指して〜（答申）」がある。

　特別支援活動についても，これまでの学習指導の制度が全面的に見直されたことが注目される。

　食の安全に関することでは，

「2004年1月20日　食に関する指導体制の整備について（答申）」が注目される。

　なお，学習指導要領の改訂に関する審議会の答申は，2008年1月に出されている。

「2008年1月17日　幼稚園，小学校，中学校，高等学校及び特別支援学校の学習指導要領等の改善について（答申）」

4　これからの教師に求められること

　教育改革の背景としての社会の急激な変化を概観しておきたい。
(1) 国際化
　最近の学校では，外国籍の子どもが学習する姿が珍しいことではなくなった。また，外国で育った子どもも多く，日本の生活習慣になじめず悩んでいる子どもも在籍している。義務教育諸学校は，外国人の子ども，日本の生活習慣が分からない子どもの割合が多くなり，指導の仕方に工夫を求められる学校も増えてきている。

　それに対して，指導する側の教員に外国人は，ほとんどいない状況である。外国人の教員採用が，ニュースとして取り上げられるほどである。その多くは，外国語の指導で非常勤講師，指導助手として指導にあたっているのが実情である。

　外国の中には，小学校等低年齢から母国語以外の外国語教育がふつうに行われている例も多い。日常生活で他国との交流の必要にせまられることに比べると，日本では積極的な取り組みが求められる状況になかったとも言える。しかし，これからの社会を生きていく子どもたちにとって，異なる文化を理解し，それらの人々と交流していくことはとても大切である。

　「国際化」を意識した学習が盛んになってきており，総合的な学習の指導内容の一つとして，指導要領に例示としても取り上げられている。小学校からそれぞれの学年に合った取り組みがなされている。環境教育，人権教育，エネルギー教育等と並んで指導要領では例示であるが，重要な教育活動として位置づけられている。

　2008年に文部科学省は小学校学習指導要領の改訂を行った。その中に，小学校5，6年に週1時間，「外国語教育」を実施することが示されている。
(2) 情報化
　2000年代の教育改革の項で触れたように，これからも情報化社会の進展，

ひろがりは加速していくだろう。

2009年に文部科学省では，小・中学校等の新しい学習指導要領に対応した「教育の情報化に関する手引」を作成した（2010年には，高等学校の内容を追補した）。

その経緯と概要は次の通りである。

 1．経緯

  今回の学習指導要領の改訂により，情報教育や授業におけるICT活用など，学校における教育の情報化について一層充実が図られることとなりました。

  （以下略）

 2．概要

  本手引では，新学習指導要領における「情報教育」や「教科指導におけるICT活用」，「校務の情報化」についての具体的な進め方等とともに，その実現に必要な「教員のICT活用指導力の向上」と「学校におけるICT環境整備」，また，「特別支援教育における教育の情報化」についても解説し，さらに，こうした教育の情報化に関わる取組み全体をサポートする教育委員会・学校の推進体制について解説しています。

(3) **社会体験・キャリア教育**

子どもたちに，実社会と触れあいを持たせる体験・経験活動が教育現場にも位置づけられるようになった。

◎体験活動の重視

子どもは成長する過程で，大人のまねごとをし何らかの体験活動は経験してくるものである。それが学習の中に位置づけられるのは，1977年に告示された学習指導要領に「体験活動（学習）」という言葉が登場するようになってからである。情報化時代となり，直接体験をしなくとも間接的で感覚的な学習でことが足りるとする傾向が強くなった。直接体験をしていない子どもには，「感動が少ない」「問題解決能力が弱くなる傾向が見られる」等の声が

教員から上がっている。

　体験学習が子どもたちにとってどのような意義を持つのか，1996年7月に示された中央教育審議会の第1次答申「21世紀を展望した我が国の教育の在り方について」の中の「第1章　これからの学校教育の在り方　(1) これからの学校教育の目指す方向　[4] 豊かな人間性とたくましい体をはぐくむための教育の改善」に述べられているので全文をあげてみよう。

[4] 豊かな人間性とたくましい体をはぐくむための教育の改善

　先に述べたとおり，豊かな人間性やたくましく生きるための健康や体力は，[生きる力] を形作る大きな柱である。

　これまでにもしばしば指摘されてきたことであるが，よい行いに感銘し，間違った行いを憎むといった正義感や公正さを重んじる心や実践的な態度，他人を思いやる心，生命や人権を尊重する心，美しいものに感動する心，ボランティア精神などの育成とともに，学校教育においては，特に，集団生活が営まれているという特質を生かしつつ，望ましい人間関係の形成や社会生活上のルールの習得などの社会性，社会の基本的なモラルなどの倫理観の育成に一層努める必要がある。

　また，子供たちの発達段階を踏まえながら，人間としての生き方や在り方を考えさせることも大切であり，特に勤労観や職業観の育成を図ることの重要性も指摘しておきたい。

　このような豊かな人間性をはぐくむための教育は，道徳教育はもちろんのこと，特別活動や各教科などのあらゆる教育活動を通じて一層の充実を図るべきであるが，その際には，特に，ボランティア活動，自然体験，職場体験などの体験活動の充実を図る必要があると考える。

　また，たくましく生きるための健康や体力をはぐくむために，健康教育や体育が重要であることは改めて言うまでもない。これらについては，教科における指導はもとより，あらゆる教育活動を通じて，適切に配慮していく必要がある。特に，これからの健康の増進や体力の向上に関す

る指導に際しては，子供たちが健康の増進や体力の向上の必要性を十分理解した上で，自ら健康を増進する能力や，興味・関心や適性等に応じ，適切に運動することのできる能力を育てることが大切である。そして，心身の健康増進活動や日常的なスポーツ活動の実践を促すことによって，長寿社会の到来を展望し，生涯にわたり健康な生活を送るための基礎が培われるようにすることが重要と考える。

◎キャリア教育

　文科省のホームページを開くと，「小学校・中学校・高等学校」という表示があり，その中に「進路指導・キャリア教育」とする項目がある。

　そこの一文には，体験学習，進路指導が重視されている現状で，文科省の取り組みの姿勢が示されている。その文章を紹介するので参照してほしい。

●進路指導・キャリア教育について

　今日，少子高齢社会の到来や産業・経済の構造的変化，雇用形態の多様化・流動化などを背景として，将来への不透明さが増幅するとともに，就職・進学を問わず，進路を巡る環境は大きく変化しており，フリーターやいわゆる「ニート」が大きな社会問題となっています。

　このような状況の中，子どもたちが「生きる力」を身に付け，明確な目的意識を持って日々の学業生活に取り組む姿勢，激しい社会の変化に対応し，主体的に自己の進路を選択・決定できる能力やしっかりとした勤労観，職業観を身に付け，それぞれが直面するであろう様々な課題に柔軟にかつたくましく対応し，社会人・職業人として自立していくことができるようにするキャリア教育の推進が強く求められています。

　こうした状況の下，平成15年6月に文部科学大臣をはじめとする関係4閣僚により取りまとめられた教育・雇用・経済政策の一層の連携強化による総合的な人材対策である『若者自立・挑戦プラン』，内閣官房長官を新たに加え，取りまとめられた同プランの基本的方向及び具体化の取りまとめや実効性・効率性を目的とした「若者の自立・挑戦のため

のアクションプラン」(平成16年12月)や平成17年10月には，新たに農林水産大臣を加え，取りまとめられた関係府省が連携して各施策の具体化について検討を進めた「若者の自立・挑戦のためのアクションプラン」の強化において，キャリア教育は大きな柱として位置づけられたところです。

　文部科学省としては，これらの政府方針を踏まえ，キャリア教育を一層推進するとともに，児童生徒が進路を主体的に選択・計画し，その後もより良く適応・進歩できる資質や能力を伸張するよう，各種進路指導上の支援を実施しております。

(4) 時代が望む教育政策

　教育政策の目的の一つは，現在の経済力，国際的地位を維持・向上させることにあり，その重要性は変わらない。例えば，科学技術創造立国の実現であり，それに必要な創造力ある人材の養成である。個性や能力を最大限伸ばす教育が求められている。

　先進国に追いつき追いこそうとしていた時代に求められた人材は，均一的な能力持った人々であり，教育システムもそれに呼応していた。しかし現在では，の個性と創造性を発揮する人材を教育する施策が求められている。

　文部科学省も「自ら課題を発見し，自ら解決する能力」を開発する，いわゆる「生きる力」の開発ができる教育政策が望まれている。

資料

1 指導や通達における文書の留意点

　文科省等における文書に含まれる表現について，その留意点を例示した。小学校学習指導要領を例としたので，例示の後の解説を参考にしてほしい。

「第1章　総則　第1　教育課程編成の一般方針」より

1　**各学校**においては，教育基本法**及び**学校教育法その他の**法令**並びにこの章以下に示すところに従い，**児童**の人間として調和のとれた育成を目指し，地域や学校の実態及び児童の心身の発達の段階**や**特性を十分考慮して，適切な教育課程を編成するものとし，これらに掲げる目標を達成するよう教育を行う**ものとする**。

　　学校の教育活動を進めるに当たっては，各学校において，児童に生きる力をはぐくむことを目指し，創意工夫を生かした特色ある教育活動を展開する中で，**基礎的・基本的**な知識及び技能を確実に習得させ，これらを活用して課題を解決するために必要な思考力，判断力，表現力その他の能力をはぐくむとともに，主体的に学習に取り組む態度を養い，個性を生かす教育の充実に努め**なければならない**。その際，児童の発達の段階を考慮して，児童の言語活動を充実する**とともに**，家庭との連携を**図り**ながら，児童の学習習慣が確立するよう配慮しなければならない。

2　学校における道徳教育は，道徳の時間を要として学校の教育活動全体を通じて行うものであり，道徳の時間はもとより，各教科，外国語活動，総合的な学習の時間及び特別活動のそれぞれの特質に応じて，児童の発達段階を考慮して，適切な指導を行わなければならない。

　　道徳教育は，教育基本法及び学校教育法に定められた教育の根本精神に基づき，人間尊重の精神と生命に対する畏敬の念を**家庭，学校，その他社会**における具体的な生活の中に生かし，豊かな心をもち，伝統と文化を尊重し，それらをはぐくんできた我が国と郷土を愛し，個性豊かな文化の創造を図るとともに，公共の精神を尊び，民主的な社会及び国家の発展に**努め**，他国を尊重し，国際社会の平和と発展や環境の保全貢献し未来を拓く主体性のある日本人を育成するため，その基盤としての道徳性を養うことを目標**とする**。

　　道徳教育を進めるに当たっては，教師と児童及び児童相互の人間関係を深めるとともに，児童が自己の生き方についての考えを深め，家庭や地域社会との連携を図りながら，集団宿泊活動やボランティア活動，自然体験活動などの豊かな体験を通して児童の内面に根ざした道徳性の育成が図られるよう配慮しなければならない。その際，特に児童が基本的な生活習慣，社会生活上のきまりを身に付け，善悪を判断し，人間としてしてはならないことをしないようにすることなどに配慮しなければならない。

3　学校における体育・健康に関する指導は，児童の発達の段階を考慮して，学校の教育活動全体

を通じて**適切に**行うものとする。特に，学校における食育の推進並びに体力の向上に関する指導，安全に関する指導及び心身の健康の保持増進に関する指導については，体育科の時間は**もとより**，家庭科，特別活動などにおいてもそれぞれの特質に応じて適切に行うよう努めることとする。また，それらの指導を通して，家庭や地域社会との連携を図りながら，日常生活において適切な体育・健康に関する活動の実践を促し，生涯を通じて健康・安全で活力ある生活を送るための基礎が培われるよう配慮しなければならない。

表現とその考え方

各学校 各学校の「各」には，日本の学校は全て学習指導要領に基づいて教育活動をすることとし，例外は認められないことを示している。
及び 「及び」の前の言葉と後の言葉は並列であるが，前の言葉を受けて，次に後の言葉を受ける順序性がある。
法令 具体的な法令を指しているのではないが，教育法規に従うよう示している。
児童 小学校に在籍している子どもをいう。中学校，高等学校の子どもは「生徒」という。
や 「や」の前の言葉，この場合は「発達の段階」と，後の場合は「特性」であるが，両方共に扱う必要がある。ただし，「や」の前の言葉が重く，後の言葉が軽くなる場合がある。
ものとする この述語は「命令」を意味している。「ものとする」の前に書かれていることに従い，例外は認められない。
基礎的・基本的 基礎的と基本的は同様のものであり，区別して取り扱わない場合である。
なければならない この述語も「命令」である。例外は認められず，全てこの述語の前の言葉を扱う。
とともに 「とともに」の前は「言語活動の充実」で，後は「家庭との連携」だが，その両方を並行して対等に扱う。
図り 今までに経験していない，実践していない等，初めて行う（学習）こと。
家庭，学校，その他社会 言葉が「，てん」で結ばれている場合はすべて扱う。言葉の最後に「等」が付いた場合は，言葉のうち 扱うのを選択できる。
努め 目標に迫るよう努力する
とする 「ものとする」と同義語である。
適切に 正しく，公正に 指導要領の意図の通りにということ。
もとより 「もとより」の前にある言葉を優先して扱う。

「第2節　社会　　第2　各学年の目標及び内容　　［第6学年］3　内容の取扱い」より
　内容の（1）については，次のとおり取り扱うものとする。
　　ア　児童の興味・関心を**重視し**，取り上げる人物や文化遺産の重点の置き方に工夫を加えるなど，**精選して**具体的に理解できるようにすること。その際，ケの指導に当たっては，児童の発達の段階を**考慮すること**。

123

資料

　イ　歴史学習全体を通して，我が国は長い歴史をもち伝統や文化を**はぐくんできたこと**，我が国の歴史は政治の中心地や世の中の様子などによって幾つかの時期に分けられることに**気付くように**すること。
　ウ　「神話・伝承」については，**古事記，日本書紀，風土記など**の中から適切なものを取り上げること。
　エ　**例えば，次に掲げる人物を取り上げ**，人物の働きを通して学習できるように指導すること。
　　　卑弥呼(ひみこ)，
　　　聖徳太子(しょうとくたいし)，
　　　小野妹子(おののいもこ)，
　　　　　～中略～
　　　東郷平八郎(とうごうへいはちろう)，
　　　小村寿太郎(こむらじゅたろう)，
　　　野口英世(のぐちひでよ)
　オ　例えば，国宝，重要文化財に指定されているものや，**そのうち世界文化遺産に登録されているもの**などを取り上げ，我が国の代表的な文化遺産を通して学習できるように**配慮する**こと。
(2) 内容の(2)については，次のとおり取り扱うものとする。
　ア　政治の働きと国民生活との関係を具体的に**指導する際には**，各々の国民の祝　日に関心をもち，その意義を考えさせるよう配慮すること。
　イ　国会などの議会政治や選挙の意味，国会と内閣と裁判所の三権相互の関連，国民の司法参加，租税の役割などについても**扱うようにする**こと。
　ウ　アの「地方公共団体や国の政治の働き」については，社会保障，災害復旧の　取組，地域の開発などの中から選択して取り上げ，具体的に調べられるように　すること。
　　　　　　～以下略～

表現とその考え方
重視し　これまでも扱ってきたが，徹底しないので，再び強く取り扱う。
精選して　良く調べ，必要最小限のことを扱う
考慮すること　他の条件にも気を配ること
はぐくんできたこと　これまで指導を通して育ててきたこと
気付くように　学習展開途上で教師が話したり，説明したりしなくとも，子ども自らが分かるようにすること。
古事記，日本書紀，風土記など　「など」の前にあるものを選択できる。
例えば，次に掲げる人物を取り上げ　例示では他のものを扱っても良いが，原則は例示されたものはすべて扱う。
そのうち世界文化遺産に登録されているもの　「そのうち」は選択された中でも大切に扱うもの。
配慮する　学習の環境を整える。

指導する際に　「際に」の前の状態を持続させる
扱うようにする　目標に到達出来るよう努力する。結果として到達できないこともありうる。

2　教員免許状の種類

◎小学校，中学校，高等学校，盲・聾・養護学校，幼稚園の教員及び養護教員になるには，各学校種ごとの教員免許状が必要である。（中学校・高等学校は教科ごとの免許状になる。）
　また，教員免許状は都道府県教育委員会から授与される。

◎普通免許状の種類
　　専修免許状　一種免許状　二種免許状　がある。
　　取得要件の違いにより，専修免許状，一種免許状，二種免許状と区分されるが，職務上の差異はない。

◎免許状の取得
　　免許状の授与を受けるための教員養成は，大学等で行われている。免許状を取得するもっとも一般的な方法である。
　　具体的には，大学等において学士の学位等の基礎資格を得るとともに，文部科学大臣が認定した課程において所定の教科及び教職に関する科目の単位を修得することが必要である。
　　現職の教員等がすでに所有している免許状を基にして，一定の在職年数と都道府県教育委員会の開講する免許法認定講習や大学等の公開講座における単位取得により，上位の免許状を取得する方法も開かれている。

◎特別免許状制度
　　教員免許状を持っていない人であっても，各分野の優れた知識経験や技能をもっている社会人については，都道府県教育委員会の行う教育職員検定により，特別免許状が授与され教諭に任用される。

◎特別非常勤講師制度
　　教科の領域の一部等を担任する非常勤講師について，任用・雇用しようとする者が都道府県教育委員会に届け出ることにより，教員免許状を持たない人を登用することができる。

◎教員資格認定試験
　　大学での養成が必ずしも十分でない分野などでは，教員資格認定試験により，教員として必要な資質能力を有すると認められた人に免許状が授与される方法もある。

◎教員資格認定試験等
　　文部科学大臣より教職課程の認定を受けている大学等において必要な単位を修得するとともに，必要な基礎資格を得ることにより申請できる。
　　教員としての実務経験に加え，大学等において必要な単位を修得することにより，上級免許状や隣接校種，特別支援学校教諭の免許状を申請できる。
　　既に持っている教員免許状を基礎に，大学等において必要な単位を修得することにより，他教科

の免許状を申請できる。
　文部科学省が行う教員資格認定試験に合格することにより申請できる。
　保健師免許を基礎資格として養護教諭2種免許状を申請できる。
◎教員免許状の有効期間の更新等
　免許状更新講習を受講・修了したことにより有効期間の更新（更新講習修了確認）の申請ができる。
　免許状更新講習の受講の免除（特例措置を参照）を受ける申請もできる。
　病気休職，育児休業，海外派遣等のやむを得ない事由により有効期間（修了確認期限）の延長（延期）を申請することができる。

3　教育委員会の職務権限

　教育委員会の職務権限については「地方教育行政の組織及び運営に関する法律　第3章　教育委員会及び地方公共団体の長の職務権限」（教育委員会の職務権限）第23条に次のように記されている。

第23条　教育委員会は，当該地方公共団体が処理する教育に関する事務で，次に掲げるものを管理し，及び執行する。

1. 教育委員会の所管に属する第30条に規定する学校その他の教育機関（以下「学校その他の教育機関」という。）の設置，管理及び廃止に関すること。
2. 学校その他の教育機関の用に供する財産（以下「教育財産」という。）の管理に関すること。
3. 教育委員会及び学校その他の教育機関の職員の任免その他の人事に関すること。
4. 学齢生徒及び学齢児童の就学並びに生徒，児童及び幼児の入学，転学及び退学に関すること。
5. 学校の組織編制，教育課程，学習指導，生徒指導及び職業指導に関すること。
6. 教科書その他の教材の取扱いに関すること。
7. 校舎その他の施設及び教具その他の設備の整備に関すること。
8. 校長，教員その他の教育関係職員の研修に関すること。
9. 校長，教員その他の教育関係職員並びに生徒，児童及び幼児の保健，安全，厚生及び福利に関すること。
10. 学校その他の教育機関の環境衛生に関すること。
11. 学校給食に関すること。
12. 青少年教育，女性教育及び公民館の事業その他社会教育に関すること。
13. スポーツに関すること。
14. 文化財の保護に関すること。
15. ユネスコ活動に関すること。
16. 教育に関する法人に関すること。
17. 教育に係る調査及び基幹統計その他の統計に関すること。
18. 所掌事務に係る広報及び所掌事務に係る教育行政に関する相談に関すること。

19. 前各号に掲げるもののほか，当該地方公共団体の区域内における教育に関する事務に関すること。

4　教育に関連する法令・施行令・告示等

　教員になってから，退職するまで，教育関連の法令・施行令等に則って職務を遂行することが求められる。これらは数多く，また多岐に亘る。その中から教員の活動に比較的密接に関連すると思われるものを「あいうえお順」で記載した。なお，＊が付いているものは，教員として特に日頃より意識すべきと考えられる内容である。

- 学習指導要領＊
- 学校教育の水準の維持向上のための義務教育諸学校の教育職員の人材
- 確保に関する特別措置法
- 学校給食法
- 学校教育法＊
- 学校教育法施行規則
- 学校教育法施行令
- 学校図書館法
- 学校保健安全法
- 環境の保全のための意欲の増進及び環境教育の推進に関する法律
- 義務教育諸学校における教育の政治的中立の確保に関する臨時措置法
- 義務教育諸学校の教科用図書の無償措置に関する法律
- 義務教育費国庫負担法
- 教育基本法＊
- 教育公務員特例法
- 教育職員免許法
- 教育職員免許法施行規則
- 教育職員免許法施行令
- 高等学校学習指導要領＊
- 高等学校設置基準
- 短期大学設置基準
- 高等学校の定時制教育及び通信教育振興法
- 国立大学法人法
- 子どもの読書活動の推進に関する法律
- 社会教育法
- 小学校学習指導要領＊
- 少年法

資料

- 小学校設置基準＊
- 私立学校法
- 大学院設置基準
- 大学設置基準
- 大学の運営に関する臨時措置法
- 短期大学通信教育設置基準
- 中学校学習指導要領＊
- 地方教育行政の組織及び運営に関する法律＊
- 中学校設置基準＊
- 図書館法
- へき地教育振興法
- 盲学校，聾学校及び養護学校高等部学習指導要領
- 盲学校，聾学校及び養護学校小学部・中学部学習指導要領
- 盲学校，聾学校及び養護学校幼稚部教育要領
- 幼稚園教育要領＊
- 幼稚園設置基準＊

5　教育基本法
（平成十八年十二月二十二日法律第百二十号）

　教育基本法（昭和二十二年法律第二十五号）の全部を改正する。我々日本国民は，たゆまぬ努力によって築いてきた民主的で文化的な国家を更に発展させるとともに，世界の平和と人類の福祉の向上に貢献することを願うものである。我々は，この理想を実現するため，個人の尊厳を重んじ，真理と正義を希求し，公共の精神を尊び，豊かな人間性と創造性を備えた人間の育成を期するとともに，伝統を継承し，新しい文化の創造を目指す教育を推進する。ここに，我々は，日本国憲法の精神にのっとり，我が国の未来を切り拓く教育の基本を確立し，その振興を図るため，この法律を制定する。

　前文
　第一章　教育の目的及び理念（第一条―第四条）
　第二章　教育の実施に関する基本（第五条―第十五条）
　第三章　教育行政（第十六条・第十七条）
　第四章　法令の制定（第十八条）
　附則

第一章　教育の目的及び理念

（教育の目的）
第一条　教育は，人格の完成を目指し，平和で民主的な国家及び社会の形成者として必要な資質を備えた心身ともに健康な国民の育成を期して行われなければならない。

（教育の目標）
第二条　教育は，その目的を実現するため，学問の自由を尊重しつつ，次に掲げる目標を達成するよう行われるものとする。
　一　幅広い知識と教養を身に付け，真理を求める態度を養い，豊かな情操と道徳心を培うとともに，健やかな身体を養うこと。
　二　個人の価値を尊重して，その能力を伸ばし，創造性を培い，自主及び自律の精神を養うとともに，職業及び生活との関連を重視し，勤労を重んずる態度を養うこと。
　三　正義と責任，男女の平等，自他の敬愛と協力を重んずるとともに，公共の精神に基づき，主体的に社会の形成に参画し，その発展に寄与する態度を養うこと。
　四　生命を尊び，自然を大切にし，環境の保全に寄与する態度を養うこと。
　五　伝統と文化を尊重し，それらをはぐくんできた我が国と郷土を愛するとともに，他国を尊重し，国際社会の平和と発展に寄与する態度を養うこと。

（生涯学習の理念）
第三条　国民一人一人が，自己の人格を磨き，豊かな人生を送ることができるよう，その生涯にわたって，あらゆる機会に，あらゆる場所において学習することができ，その成果を適切に生かすことのできる社会の実現が図られなければならない。

（教育の機会均等）
第四条　すべて国民は，ひとしく，その能力に応じた教育を受ける機会を与えられなければならず，人種，信条，性別，社会的身分，経済的地位又は門地によって，教育上差別されない。
　2　国及び地方公共団体は，障害のある者が，その障害の状態に応じ，十分な教育を受けられるよう，教育上必要な支援を講じなければならない。
　3　国及び地方公共団体は，能力があるにもかかわらず，経済的理由によって修学が困難な者に対して，奨学の措置を講じなければならない。

　　　第二章　教育の実施に関する基本

（義務教育）

資料

第五条　国民は，その保護する子に，別に法律で定めるところにより，普通教育を受けさせる義務を負う。
　2　義務教育として行われる普通教育は，各個人の有する能力を伸ばしつつ社会において自立的に生きる基礎を培い，また，国家及び社会の形成者として必要とされる基本的な資質を養うことを目的として行われるものとする。
　3　国及び地方公共団体は，義務教育の機会を保障し，その水準を確保するため，適切な役割分担及び相互の協力の下，その実施に責任を負う。
　4　国又は地方公共団体の設置する学校における義務教育については，授業料を徴収しない。

（学校教育）
第六条　法律に定める学校は，公の性質を有するものであって，国，地方公共団体及び法律に定める法人のみが，これを設置することができる。
　2　前項の学校においては，教育の目標が達成されるよう，教育を受ける者の心身の発達に応じて，体系的な教育が組織的に行われなければならない。この場合において，教育を受ける者が，学校生活を営む上で必要な規律を重んずるとともに，自ら進んで学習に取り組む意欲を高めることを重視して行われなければならない。

（大学）
第七条　大学は，学術の中心として，高い教養と専門的能力を培うとともに，深く真理を探究して新たな知見を創造し，これらの成果を広く社会に提供することにより，社会の発展に寄与するものとする。
　2　大学については，自主性，自律性その他の大学における教育及び研究の特性が尊重されなければならない。

（私立学校）
第八条　私立学校の有する公の性質及び学校教育において果たす重要な役割にかんがみ，国及び地方公共団体は，その自主性を尊重しつつ，助成その他の適当な方法によって私立学校教育の振興に努めなければならない。

（教員）
第九条　法律に定める学校の教員は，自己の崇高な使命を深く自覚し，絶えず研究と修養に励み，その職責の遂行に努めなければならない。
　2　前項の教員については，その使命と職責の重要性にかんがみ，その身分は尊重され，待遇の適正が期せられるとともに，養成と研修の充実が図られなければならない。

（家庭教育）
第十条　父母その他の保護者は，子の教育について第一義的責任を有するものであって，生活のために必要な習慣を身に付けさせるとともに，自立心を育成し，心身の調和のとれた発達を図るよう努めるものとする。
　　２　国及び地方公共団体は，家庭教育の自主性を尊重しつつ，保護者に対する学習の機会及び情報の提供その他の家庭教育を支援するために必要な施策を講ずるよう努めなければならない。

（幼児期の教育）
第十一条　幼児期の教育は，生涯にわたる人格形成の基礎を培う重要なものであることにかんがみ，国及び地方公共団体は，幼児の健やかな成長に資する良好な環境の整備その他適当な方法によって，その振興に努めなければならない。

（社会教育）
第十二条　個人の要望や社会の要請にこたえ，社会において行われる教育は，国及び地方公共団体によって奨励されなければならない。
　　２　国及び地方公共団体は，図書館，博物館，公民館その他の社会教育施設の設置，学校の施設の利用，学習の機会及び情報の提供その他の適当な方法によって社会教育の振興に努めなければならない。

（学校，家庭及び地域住民等の相互の連携協力）
第十三条　学校，家庭及び地域住民その他の関係者は，教育におけるそれぞれの役割と責任を自覚するとともに，相互の連携及び協力に努めるものとする。

（政治教育）
第十四条　良識ある公民として必要な政治的教養は，教育上尊重されなければならない。
　　２　法律に定める学校は，特定の政党を支持し，又はこれに反対するための政治教育その他政治的活動をしてはならない。

（宗教教育）
第十五条　宗教に関する寛容の態度，宗教に関する一般的な教養及び宗教の社会生活における地位は，教育上尊重されなければならない。
　　２　国及び地方公共団体が設置する学校は，特定の宗教のための宗教教育その他宗教的活動をしてはならない。

資料

第三章　教育行政

（教育行政）

第十六条　教育は，不当な支配に服することなく，この法律及び他の法律の定めるところにより行われるべきものであり，教育行政は，国と地方公共団体との適切な役割分担及び相互の協力の下，公正かつ適正に行われなければならない。

2　国は，全国的な教育の機会均等と教育水準の維持向上を図るため，教育に関する施策を総合的に策定し，実施しなければならない。

3　地方公共団体は，その地域における教育の振興を図るため，その実情に応じた教育に関する施策を策定し，実施しなければならない。

4　国及び地方公共団体は，教育が円滑かつ継続的に実施されるよう，必要な財政上の措置を講じなければならない。

（教育振興基本計画）

第十七条　政府は，教育の振興に関する施策の総合的かつ計画的な推進を図るため，教育の振興に関する施策についての基本的な方針及び講ずべき施策その他必要な事項について，基本的な計画を定め，これを国会に報告するとともに，公表しなければならない。

2　地方公共団体は，前項の計画を参酌し，その地域の実情に応じ，当該地方公共団体における教育の振興のための施策に関する基本的な計画を定めるよう努めなければならない。

第四章　法令の制定

第十八条　この法律に規定する諸条項を実施するため，必要な法令が制定されなければならない。

　　　附　則　抄

（施行期日）

1　この法律は，公布の日から施行する。

2　（以下略）

6　学校教育法　（一部抜粋）
（昭和二十二年三月三十一日法律第二十六号）

最終改正：平成一九年六月二七日法律第九八号

第一章　総則

第一条　この法律で，学校とは，幼稚園，小学校，中学校，高等学校，中等教育学校，特別支援学校，大学及び高等専門学校とする。

第九条　次の各号のいずれかに該当する者は，校長又は教員となることができない。
一　成年被後見人又は被保佐人
二　禁錮以上の刑に処せられた者
三　教育職員免許法第十条第一項第二号 又は第三号 に該当することにより免許状がその効力を失い，当該失効の日から三年を経過しない者
四　教育職員免許法第十一条第一項 から第三項 までの規定により免許状取上げの処分を受け，三年を経過しない者
五　日本国憲法 施行の日以後において，日本国憲法 又はその下に成立した政府を暴力で破壊することを主張する政党その他の団体を結成し，又はこれに加入した者

第十一条　校長及び教員は，教育上必要があると認めるときは，文部科学大臣の定めるところにより，児童，生徒及び学生に懲戒を加えることができる。ただし，体罰を加えることはできない。

第二章　義務教育

第十六条　保護者（子に対して親権を行う者（親権を行う者のないときは，未成年後見人）をいう。以下同じ。）は，次条に定めるところにより，子に九年の普通教育を受けさせる義務を負う。

第三章　幼稚園

第二十二条　幼稚園は，義務教育及びその後の教育の基礎を培うものとして，幼児を保育し，幼児の健やかな成長のために適当な環境を与えて，その心身の発達を助長することを目的とする。

第四章　小学校

第二十九条　小学校は，心身の発達に応じて，義務教育として行われる普通教育のうち基礎的なものを施すことを目的とする。

資料

第三十七条　小学校には，校長，教頭，教諭，養護教諭及び事務職員を置かなければならない。
2　小学校には，前項に規定するもののほか，副校長，主幹教諭，指導教諭，栄養教諭その他必要な職員を置くことができる。
3　第一項の規定にかかわらず，副校長を置くときその他特別の事情のあるときは教頭を，養護をつかさどる主幹教諭を置くときは養護教諭を，特別の事情のあるときは事務職員を，それぞれ置かないことができる。
4　校長は，校務をつかさどり，所属職員を監督する。
5　副校長は，校長を助け，命を受けて校務をつかさどる。
6　副校長は，校長に事故があるときはその職務を代理し，校長が欠けたときはその職務を行う。この場合において，副校長が二人以上あるときは，あらかじめ校長が定めた順序で，その職務を代理し，又は行う。
7　教頭は，校長（副校長を置く小学校にあつては，校長及び副校長）を助け，校務を整理し，及び必要に応じ児童の教育をつかさどる。
8　教頭は，校長（副校長を置く小学校にあつては，校長及び副校長）に事故があるときは校長の職務を代理し，校長（副校長を置く小学校にあつては，校長及び副校長）が欠けたときは校長の職務を行う。この場合において，教頭が二人以上あるときは，あらかじめ校長が定めた順序で，校長の職務を代理し，又は行う。
9　主幹教諭は，校長（副校長を置く小学校にあつては，校長及び副校長）及び教頭を助け，命を受けて校務の一部を整理し，並びに児童の教育をつかさどる。
10　指導教諭は，児童の教育をつかさどり，並びに教諭その他の職員に対して，教育指導の改善及び充実のために必要な指導及び助言を行う。
11　教諭は，児童の教育をつかさどる。
12　養護教諭は，児童の養護をつかさどる。
13　栄養教諭は，児童の栄養の指導及び管理をつかさどる。
14　事務職員は，事務に従事する。
15　助教諭は，教諭の職務を助ける。
16　講師は，教諭又は助教諭に準ずる職務に従事する。
17　養護助教諭は，養護教諭の職務を助ける。
18　特別の事情のあるときは，第一項の規定にかかわらず，教諭に代えて助教諭又は講師を，養護教諭に代えて養護助教諭を置くことができる。
19　学校の実情に照らし必要があると認めるときは，第九項の規定にかかわらず，校長（副校長を置く小学校にあつては，校長及び副校長）及び教頭を助け，命を受けて校務の一部を整理し，並びに児童の養護又は栄養の指導及び管理をつかさどる主幹教諭を置くことができる。

第五章　中学校

第四十五条　中学校は，小学校における教育の基礎の上に，心身の発達に応じて，義務教育として行われる普通教育を施すことを目的とする。

第六章　高等学校

第五十条　高等学校は，中学校における教育の基礎の上に，心身の発達及び進路に応じて，高度な普通教育及び専門教育を施すことを目的とする。

第七章　中等教育学校

第六十三条　中等教育学校は，小学校における教育の基礎の上に，心身の発達及び進路に応じて，義務教育として行われる普通教育並びに高度な普通教育及び専門教育を一貫して施すことを目的とする。

第八章　特別支援教育

第七十二条　特別支援学校は，視覚障害者，聴覚障害者，知的障害者，肢体不自由者又は病弱者（身体虚弱者を含む。以下同じ。）に対して，幼稚園，小学校，中学校又は高等学校に準ずる教育を施すとともに，障害による学習上又は生活上の困難を克服し自立を図るために必要な知識技能を授けることを目的とする。

宮　田　　進　NPO法人教育活動総合サポートセンター　理事長
　　　　　　　聖徳大学人文学部兼任講師
片山世紀雄　NPO法人教育活動総合サポートセンター　副理事長
　　　　　　　聖徳大学人文学部兼任講師

実務・事例を重視した教職入門
―校庭の桜が語る学校―

2011年3月26日　初版第1刷発行

編著者　宮　田　　進
　　　　片　山　世　紀　雄
発行者　小　林　一　光
発行所　教　育　出　版　株　式　会　社
　　　　〒101-0051 東京都千代田区神田神保町2-10
　　　　電話 03-3238-6965　振替 00190-1-107340

Ⓒ S.Miyata/S.Katayama　2011　Printed in Japan　印刷　モリモト印刷
落丁・乱丁はお取替いたします。　　　　　　　製本　上島製本

ISBN978-4-316-80161-2　C3037